THE KIDS' BOOK OF CHRISTMAS WORDSEARCHES

Buster Books

First published in Great Britain in 2018 by Buster Books,
an imprint of Michael O'Mara Books Limited,
9 Lion Yard, Tremadoc Road, London SW4 7NQ

 www.mombooks.com/buster   Buster Books   @BusterBooks

Copyright © Buster Books 2018

Illustrations by John Bigwood
With additional material adapted from www.shutterstock.com

A CIP catalogue record for this book is available from the British Library.

ISBN: 978-1-78055-582-9

1 3 5 7 9 10 8 6 4 2

Puzzles designed and typeset by Sarah Khan

Layout designed by Derrian Bradder
Cover designed by John Bigwood

Printed and bound in September 2018 by CPI Group (UK) Ltd,
108 Beddington Lane, Croydon, CR0 4YY, United Kingdom.

Contents

Searching For Words

Wordsearches are puzzles that absolutely anyone can solve. This book contains over a thousand words to spot in over 150 puzzles. Some of the words will be Christmas-themed, others will be general knowledge. Don't worry if you don't know what all the words mean because you can still spot them in the grids.

Words And Grids

Beneath each puzzle in this book is a list of words that you must find in the grid above it.

You'll find the words running in a straight line in any direction, including diagonally, and written either forwards or backwards.

Occasionally, some of the puzzles contain a phrase or word written with punctuation beneath the grid – in these cases just ignore the spaces or punctuation marks when looking in the grids.

When you find a word, mark it with a pen, pencil or highlighter and then cross it off the list. Some of the words in each puzzle will overlap one another and use the same letters in the grid.

Are You A Beginner Or An Ace Puzzler?

The puzzles in this book start off easy and then get tougher as the book progresses. There are four separate difficulty levels – Beginner, Intermediate, Advanced and Ace Puzzler – which are shown at the top of each page. You can also time yourself. There's space at the top of each page to fill in exactly how long it has taken you to solve each puzzle.

Some of the puzzles are festive shapes – such as baubles, crackers and stars – but these are completed in the same way as a square-shaped puzzle.

If you get stuck and simply can't find a word then just ask a friend or family member to help you. If they can't find it either then don't despair, all the answers are at the back of the book.

Good luck, and have fun!

Level One:
Beginners

Puzzle 1: Decorations

```
        A S O
      F A I R Y
    R B R E N I T
  O G A R L A N D H
  C T H T B M L A G
  S D T I U E I M I
  V F A N A N G E L
  U D E S B T H N R
  O R E A S T K
    W L E I S
```

ANGEL ✓   ORNAMENT ✓
BAUBLE ✓   STAR ✓
FAIRY ✓   TINSEL ✓
GARLAND ✓   WREATH ✓
LIGHTS ✓

Puzzle 2: Santa's Helpers

```
M A G R E L B V
W O R K S H O P
I D E W L A O C
R B E G L P T L
H O N R E H S T
H A T S B A N O
C I G A M F R Y
Y B R E L V E S
```

BELLS ✓	HATS ✓
BOOTS ✓	MAGIC ✓
EARS ✓	RED ✓
ELVES ✓	TOYS ✓
GREEN ✓	WORKSHOP ✓

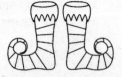

Puzzle 3: Crackers

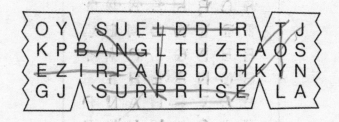

```
O Y  S U E L D D I R  T J
K P B A N G L T U Z E A O S
E Z I R P A U B D O H K Y N
G J  S U R P R I S E  L A
```

BANG ✓   RIDDLE ✓
HAT ✓   SNAP ✓
JOKE ✓   SURPRISE ✓
PRIZE ✓   TOY ✓
PULL ✓

Puzzle 4: Season's Greetings

```
H N E W Y E A R
B O E M E R R Y
P E L C O M H W
E Y S I A G A I
S Y C T D E P S
L O V E H A P H
K J O V T U Y E
R P N O S A E S
```

BEST ✓
HAPPY ✓
HOLIDAYS ✓
JOY ✓
LOVE ✓

MERRY ✓
NEW YEAR ✓
PEACE ✓
SEASON ✓
WISHES ✓

Puzzle 5: Flowers

```
D A F F O D I L
S U C O R C T S
P F U S C H I A
A C O K H R M P
N P A S I E R I
S N A L D C O L
Y L I L I R S U
U N V I O L E T
```

CROCUS ORCHID
DAFFODIL PANSY
FUSCHIA ROSE
IRIS TULIP
LILAC VIOLET
LILY

Puzzle 6: Islands

```
B A T N I S O K
S H E T L A N D
J A N R A C S N
E W E I B I Z A
R A R E J A H L
S I I I D M A E
E I F K O A W C
Y L E R E J S I
```

BALI	JAMAICA
FIJI	JERSEY
HAWAII	KOS
IBIZA	SHETLAND
ICELAND	TENERIFE

Puzzle 7: Christmas Tree

```
D B R A N C H E
E F E L S G N C
C K A T M I E U
O E N K P F E R
R G I R E K D P
A T P W I A L S
T S E R O F E L
E D G I F T S N
```

BRANCH   GIFTS
DECORATE   NEEDLES
FAKE   PINE
FIR   REAL
FOREST   SPRUCE

Puzzle 8: Winter

```
G L O D R I M T
S F T B T U C H
C P A S K A T E
A G O E N I H R
R R C V L O S M
F B O O T S W A
H A I L N O D L
W B E G D E L S
```

BOOTS	ICE
COAT	SCARF
FROST	SKATE
GLOVES	SLEDGE
HAIL	SNOW
HAT	THERMALS

Puzzle 9: Summer

```
K H I P A B U S
R O C I S E L H
A L E C W A P O
P I C N I C A R
L E R S M H O T
O H E N C N U S
K Y A D I L O H
R F M T A N C B
```

BEACH	PARK
FAN	PICNIC
HAT	SHORTS
HOLIDAY	SUN
HOT	SWIM
ICE CREAM	TAN

Puzzle 10: Cities

```
N E W D E L H I
I E M O R O N S
L O S C Y N E I
R A E K F D W R
E F O L S O Y A
B T U L Y N O P
N P L C A I R O
S Y D N E Y K A
```

BERLIN	PARIS
CAIRO	ROME
LONDON	SEOUL
NEW DELHI	SYDNEY
NEW YORK	TOKYO
OSLO	

Puzzle 11: Cheeses

```
P A N E E R E R
A E P A R U D A
R I C O T T A D
M R H G S E M D
E B E T O L F E
S S I W S U N H
A C R E A M D C
N O T L I T S A
```

BRIE	PANEER
CHEDDAR	PARMESAN
CREAM	RICOTTA
EDAM	STILTON
FETA	SWISS
GOUDA	

Puzzle 12: Baby Animals

```
R Y G U C L K E
M P Y D A E I N
H P I M L V T D
C U B G S E T I
A P S L L R E K
L F A W N E N O
F O O I V T T H
F A W K C I H C
```

CALF	KITTEN
CHICK	LAMB
CUB	LEVERET
FAWN	OWLET
FOAL	PIGLET
KID	PUPPY

Puzzle 13: Languages

```
N A H U R S T L
A R C O D H P E
M A N D A R I N
R B E I D N U G
E I R T A M I L
G C F H I N D I
E I L I H A W S
L S P A N I S H
```

ARABIC   SPANISH
ENGLISH   SWAHILI
FRENCH   TAMIL
GERMAN   THAI
HINDI   URDU
MANDARIN

Puzzle 14: Advent Calendar

```
L P G I F T S H
W S R E B M U N
O H M D S V R O
D U F L A O P E
N M D S O E R A
I U Y D N G I W
W A L T U H S P
D E C E M B E R
```

DAYS   OPEN
DECEMBER   SHUT
DOOR   SURPRISE
GIFTS   WINDOW
NUMBERS

Puzzle 15: Fruit

```
G U A V A O S M
A R H L P G S E
P B A V P N E L
R A E P L A C O
I T F L E M O N
C I W I K S R L
O R A N G E W P
T G A N A N A B
```

APPLE
APRICOT
BANANA
FIG
GRAPES
GUAVA

KIWI
LEMON
MANGO
MELON
ORANGE
PEAR

Puzzle 16: Christmas Nativity

```
R  O  S  T  A  B  L  E
K  R  E  G  N  A  M  D
A  I  A  S  J  B  A  Y
W  N  N  T  O  Y  R  E
Q  I  G  G  S  M  Y  K
C  A  E  H  E  J  U  N
X  T  L  I  P  S  B  O
S  H  E  P  H  E  R  D
```

ANGEL	MANGER
BABY	MARY
DONKEY	SHEPHERD
JOSEPH	STABLE
KING	STAR

Puzzle 17: Sleeping

```
S B D A D U V T
S L U M B E R E
E A V K C I B Z
R N E O W E P O
T K T C Z M T O
T E R O N S A N
A T D R E A M S
M W O L L I P E
```

BED	MATTRESS
BLANKET	NAP
COT	PILLOW
DOZE	SLUMBER
DREAM	SNOOZE
DUVET	SNORE

Puzzle 18: Santa's Sleigh

```
O M N I G H T S
R A S L L E B D
D G H T U N J E
J I E K F P I L
F C L W S I N I
O L M K B Y G V
O D Y S E V L E
R E I N D E E R
```

BELLS	MAGIC
DELIVER	NIGHT
ELVES	REINDEER
FLY	ROOF
GIFTS	SKY
JINGLE	

Puzzle 19: Farm Animals

```
L U V W O Y D R
P K O H S E B G
Y C H I C K E N
E U D E S R O H
S D O W H U G M
O N G P E T A C
O H K I E S W T
G O A T P R L S
```

CAT	GOOSE
CHICKEN	HORSE
COW	PIG
DOG	SHEEP
DUCK	TURKEY
GOAT	

Puzzle 20: Colours

```
S A R B L G E K
N P L B R O W N
E U M G R E Y I
E R H N D Y E P
R P I K C A L B
G L D R U P L O
T E G N A R O H
R B E T I H W D
```

BLACK	PINK
BLUE	PURPLE
BROWN	RED
GREEN	WHITE
GREY	YELLOW
ORANGE	

Puzzle 21: School

```
S X H C N U L B
T E A C H E R M
U N O S S E L S
D C P E A Y S I
E F L K M A M B
N R A E L A K O
T A Y C X D R O
H O M E W O R K
```

BOOK	LESSON
BREAK	LUNCH
CLASS	MARK
EXAM	PLAY
HOMEWORK	STUDENT
LEARN	TEACHER

Puzzle 22: Presents

```
T E L C Y C I B
V O U C H E R M
B I Y P E M A G
O D E H L U Z A
O U S C A F T D
K A N D E R C G
C L O T H E S E
E L Z Z U P N T
```

BICYCLE   GAME
BOOK   PERFUME
CASH   PUZZLE
CLOTHES   TOY
GADGET   VOUCHER

Puzzle 23: Mistletoe

```
F O L K L O R E
S B C I U L K Y
C U E S P R I G
L N W S O G N D
S C H T N A L P
R H I W H V A F
B K T S U W L P
O S E I R R E B
```

BERRIES   LUCK
BUNCH   PLANT
FOLKLORE   SPRIG
HANG   WHITE
KISS

Level Two:

Intermediates

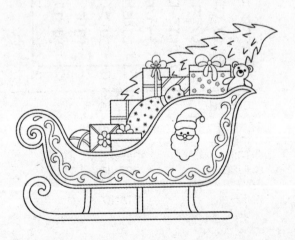

Puzzle 24: Midnight Mass

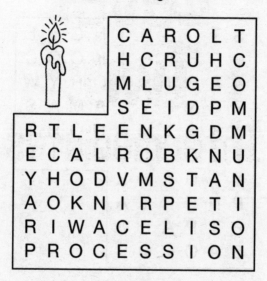

```
        C A R O L T
        H C R U H C
        M L U G E O
        S E I D P M
R T L E E N K G D M
E C A L R O B K N U
Y H O D V M S T A N
A O K N I R P E T I
R I W A C E L I S O
P R O C E S S I O N
```

CANDLE	PRAYER
CAROL	PROCESSION
CHOIR	SERMON
CHURCH	SERVICE
COMMUNION	SIT
KNEEL	STAND
NIGHT	

Puzzle 25: Christmas Eve

```
S T O C K I N G M L
P R H A E I K O O C
A A D I S T O R Y W
R C N P Y J A M A S
W K G T M C D O R T
H S R O O K F V I L
Y A D R V L
P N E R I A
B T P A E W
S A O C O C
```

CAROL
CARROT
COCOA
COOKIE
MOVIE
PANTO
PARTY

PYJAMAS
STOCKING
STORY
TRACK SANTA
WALK
WRAP

Puzzle 26: Boxing Day

```
G N I D I R E K I B
N J F O O T B A L L
I U N R U G B Y V E
T M Z         T I F
A P R         I M T
K E L         R I O
S R W         A W V
E A A B M P O H S E
C U L S G N I C A R
I D K E N P E E L S
```

BIKE RIDING	RUGBY
CHARITY	SALE
FOOTBALL	SHOP
ICE SKATING	SLEEP
JUMPER	SWIM
LEFTOVERS	TV
RACING	WALK

Puzzle 27: Stars

```
        S K
      R H L I
      M I I P
F Y K S E N G T H G I N
B E T H L E H E M G T D
  V W O O S T H N N K
    I O P G T I I I
    N T S R D O H L
    K I O I P U E L
    L N U B N O V A
    E G       A F
```

BETHLEHEM POINT
FALLING POLE
GUIDING SHINE
LIGHT SHOOTING
NIGHT SKY
NORTH TWINKLE
NOVA

Puzzle 28: Santa's Grotto

```
E O C H I L D R E N
N R L B S M U Q N H
O W E P A R E N T S
R A S U A L C S R M
H I D M E Q Y P A I
T T F I G U M H N L
        T D Q E C E
        A E L V E S
        M I G W A T
        O T O H P F
```

CHILDREN	PHOTO
ELVES	QUEUE
ENTRANCE	SIT
GIFT	SMILE
MEET	THRONE
MRS CLAUS	WAIT
PARENTS	

Puzzle 29: Snowman

```
M T C O A L I
I S O W B I
T L N O K M
T E H O E A
E V A L W T C O L D
N O T T U B W L H S
S H P I K C A T S T
P S F R A C S L D I
N K C A R R O T L C
F G S E L L O R U K
```

BUTTON	ROLL
CARROT	SCARF
COAL	SHOVEL
COLD	SNOWBALL
HAT	STACK
MELT	STICK
MITTENS	WOOL
ROCK	

Puzzle 30: Plants

```
S H R U B L U B O C
E P E R E N N I A L
D N C R E E P E R A
G R A S S P A N N C
E E U L A U Q N T I
N F S S O M U I B P
      H A A A U O
      L F T L S R
      E N I V H T
      C A C T U S
```

ANNUAL	GRASS
AQUATIC	MOSS
BIENNIAL	PERENNIAL
BULB	RUSH
BUSH	SEDGE
CACTUS	SHRUB
CREEPER	TROPICAL
FERN	VINE

Puzzle 31: Mince Pies

```
        Y R T S A P
        F S U G A R
        I C P O N U
        L Z E S I O
B A K E E T E U S L
U N V G N I L L I F
T O G E U S Y T A Z
T N V E L P P A R E
E O S P I C E N U S
R E M C U R R A N T
```

APPLE	PASTRY
BAKE	PEEL
BUTTER	RAISIN
CURRANT	SPICE
EGG	SUET
FILLING	SUGAR
FLOUR	SULTANA
OVEN	ZEST

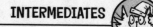

Puzzle 32: Toys

```
L T R K M E
T E P P U P
E A L H S F
D S A O I E
D E Y R C K C O L B
Y T N I A R T M O R
B D O L L C P U P I
E L E C T R O N I C
A S R O B O T E M K
R A T T L E S U O H
```

BLOCK	PLAY
BRICK	PUPPET
CAR	RATTLE
DOLL	ROBOT
ELECTRONIC	TEA SET
HOUSE	TEDDY BEAR
MUSICAL	TRAIN

Puzzle 33: Months of the Year

```
E N U J E S A P R T
N S V M A Y R E S L
D R E O C N B Y L H
B E E P Y O U R A J
A B L B T I J A P U
U M G C M E R U R L
G E O U A E M R I Y
U V I J R Y C B L M
S O U T C O B E E A
T N G U H B E F D R
```

JANUARY	JULY
FEBRUARY	AUGUST
MARCH	SEPTEMBER
APRIL	OCTOBER
MAY	NOVEMBER
JUNE	DECEMBER

Puzzle 34: Winter Walks

```
Y R M A P U D D L E
B A N I M A L R V W
R E B O O T S E I K
A F W         G Y B
N U O         D R E
C N P         U R N
H G D         L E O
G I R I W O N S B C
O S K C A R T Y I H
C E V E R G R E E N
```

ANIMAL	HIKE
BERRY	ICE
BIRD	NEST
BOOTS	PUDDLE
BRANCH	SLUDGE
CONE	SNOW
EVERGREEN	TRACKS
FUNGI	WEB

Puzzle 35: Baking Equipment

```
D I C I N G B A G X
N E V O R G L O V E
A E O E M I Y R W A
T P X     A K L
S I L     W R U
M C N     Z A T
S E A     O C A
T R E L Z Z O N K P
B C A S E G X I T S
R O V A P S I E V E
```

BOWL	RECIPE
CASE	SCALES
GLOVE	SIEVE
ICING BAG	SPATULA
MIXER	SPOON
NOZZLE	STAND
OVEN	TIN
RACK	TRAY

Puzzle 36: Christmas Movies

```
H O L I D A Y I N N
O L H S G R I H N A
M U P P E T S C A T
E V L O S T O N M I
A C O L A Y G I W V
L H D A T F A R O I
O R U R L B E G N T
N G R E M L I N S Y
E I V O M A T N A S
P F S C R O O G E L
```

ELF
GREMLINS
GRINCH
HOLIDAY INN
HOME ALONE
MUPPETS
NATIVITY

POLAR
RUDOLPH
SANTA MOVIE
SCROOGE
SNOWMAN

Puzzle 37: Vegetables

```
C O U R G E T T E P
A M O T A T O P N E
R E G A B B A C I P
R T P E R M L I G P
O T A C O T K E R E
T O C U C U M B E R
    C O A P B K
    O L R G U I
    L R K U A M
    I N O I N O
```

AUBERGINE	LEEK
BROCCOLI	OKRA
CABBAGE	ONION
CARROT	PEA
COURGETTE	PEPPER
CUCUMBER	POTATO

Puzzle 38: Things that Fly

```
H A N G G L I D E R
E N O R D P N J T M
L A O J T A S G I E
I O L K B D E R L A
C K L B R A C O L I
O I A I N B T C E R
P T B L U D J E T S
T E K C O R D N A H
E E N A L P A E S I
R E D I L G A R A P
```

AIRSHIP	INSECT
BALLOON	JET
BAT	KITE
BIRD	PARAGLIDER
DRONE	ROCKET
HANG-GLIDER	SATELLITE
HELICOPTER	SEAPLANE

Puzzle 39: Family

```
        C O U S I N
        W G R N A N
        M N E R S F
        D O H E I A
N I E C E S T T S T
E L C N U M O H T H
P A M D N A R G E E
H U W I F E B U R R
E N S H U S B A N D
W T B G R A N D A D
```

AUNT	MOTHER
BROTHER	NAN
COUSIN	NEPHEW
DAUGHTER	NIECE
FATHER	SISTER
GRANDAD	SON
GRANDMA	UNCLE
HUSBAND	WIFE

Puzzle 40: Superpowers

```
T E L A H Y
I D H G L B
M I E F S E
E W A E L W
T E L E P A T H Y S
R A E P P A S I D E
A G I L I T Y E P N
V O W E A T H E R S
E Z I T O N P Y H E
L F H T G N E R T S
```

AGILITY   SENSES
DISAPPEAR   STRENGTH
FLY   TELEPATHY
HEAL   TIME TRAVEL
HYPNOTIZE   WEATHER
LASER   WEB

Puzzle 41: Shepherds

```
N F A P E E H S T R
H O L A M B S U G D
E K T S A P M O R E
R O C T E N D K A Y
D R A U G P C S Z W
Y E Z R E O K N E B
P A E E L O
Z M H F O V
E S T R A W
N K C R O F
```

CROOK   LAMBS
FEED   PASTURE
FLOCK   SHEEP
GRAZE   SHEEPDOG
GUARD   STRAW
HAY   TEND
HERD

Puzzle 42: Skiing

```
E N I P L A
W O E H M I
N R P O E U
U D O F B L
R I L F G P M U J W
K C S P O L E E M O
C H A I R L I F T N
A I K S M O L A L S
L S C T E L G G O L
B L U E R U N C F T
```

ALPINE	NORDIC
BLACK RUN	OFF PISTE
BLUE RUN	POLE
CHAIR LIFT	SKI
HELMET	SLALOM
ICE	SLOPE
JUMP	SNOW

Puzzle 43: Pudding

```
L O O F I G G Y R B
D Y L E M A R A C L
P A N N A C O T T A
N T E U S E L R A N
E C I R O G Y E P C
S A G O B N P A I M
      F O O C O A
      S P L L C N
      O S Y E A G
      T O F F E E
```

BLANCMANGE   ROLY POLY
BREAD   SAGO
CARAMEL   SPONGE
FIGGY   SUET
FLAN   TAPIOCA
FOOL   TOFFEE
PANNA COTTA   TREACLE
RICE

Puzzle 44: Ice Skating

```
B L A D E S
U T H X G R
K I O S E F
S L P V P L
R L J U M P O A I N
I U A X E S I F K P
K N I R S R T N H N
F G N O I T A T O R
T E R H M P L B J U
B C V O L O S V A T
```

AXEL	PIVOT
BLADES	RINK
CROSSOVER	ROTATION
HOP	SOLO
JUMP	SPIN
LIFT	SPIRAL
LUNGE	SPLIT
PAIR	TURN

Puzzle 45: Games

```
W R A C K E T O I D
H O P S C O T C H I
C L R M O P I K S C
D E Z D M O B I L E
R P Z L P U Z Z L E
A L L P U S S E R D
O A C E T D
B Y H K E R
E D A C R A
L E S A H C
```

ARCADE	HOPSCOTCH
BALL	MOBILE
BOARD	PUZZLE
CARD	RACKET
CHASE	ROLE PLAY
COMPUTER	SKIP
DICE	WORD
DRESS UP	

Puzzle 46: The Nutcracker

```
M D P N S E
A O L F Y P
G S U G A R
I O M S R I
C L W E E A R A L C
A D Z S C K O Y L L
L I T P N N I D O O
T E L L A B I N D C
Z R A M D F Y R G K
B S W E E T S N P M
```

BALLET	MOUSE KING
CLARA	PLUM
CLOCK	PRINCE
DANCER	SOLDIER
DOLL	SUGAR
FAIRY	SWEETS
MAGIC	WALTZ

Puzzle 47: Fancy Dress

```
F L A D M Y T S E V
A S T R O N A U T F
I E C B N D J P L S
R A W J S R N E E S
Y O C A T A I R G E
C H E F E Z N H N C
      R I L E A N
      S W B R C I
      N A M O R R
      E T A R I P
```

ANGEL	MONSTER
ASTRONAUT	NINJA
CAT	PIRATE
CHEF	PRINCESS
COWBOY	ROMAN
ELF	SUPERHERO
FAIRY	WIZARD

Puzzle 48: Holly

```
        P  F  A  N  D  E
        R  C  L  A  E  V
        N  W  O  R  C  G
        L  H  G  U  O  B
  F  L  R  E  A  T  H  S  R  U
  I  G  A  R  L  A  N  D  A  R
  O  F  Y  R  R  E  B  W  T  H
  E  L  K  C  I  R  P  D  I  S
  R  E  T  N  I  W  E  B  O  D
  E  V  E  R  G  R  E  E  N  L
```

BERRY	PRICKLE
BOUGH	RED
CROWN	SHRUB
DECORATION	WINTER
EVERGREEN	WREATH
GARLAND	
LEAF	

Puzzle 49: Arts and Crafts

```
F L O R Y F I L M C
E E M B R O I D E R
G W L D E T A P I O
A O S T T P F E M C
L O R S T L G T A H
L D E C O U P A G E
O W R W P C E M I T
C O E A T S L I R D
D R H I W F K N O E
S K N I T N I A P C
```

ANIMATE
COLLAGE
CROCHET
DECOUPAGE
DRAW
EMBROIDER
FELT
FILM

FLOWERS
KNIT
ORIGAMI
PAINT
POTTERY
SCULPT
SEW
WOODWORK

Puzzle 50: Pantomimes

```
K L A T S N A E B N
C I N D E R E L L A
A S A B T A G D W P
J M E A I L N O U R
E S R O H A O S D E
L F R A W D S M A T
      W D T A N E
      O I O F C P
      N N O R E H
      S E B A B W
```

ALADDIN	HORSE
BABES	JACK
BEANSTALK	PETER PAN
BOOTS	PUSS
CINDERELLA	SNOW WHITE
DAME	SONG
DANCE	WOOD
DWARF	

Puzzle 51: Reindeer's Food

```
        Y R R E B U
        F A E L R S
        E G H M E P
        R U O O A R
G R P A N S A O D I
M O S P S I T R S N
U S N E E R G H T K
E T O R R A C S I L
A P P L E T T U C E
P I N S R A P M K S
```

APPLE	LEAF
BERRY	LETTUCE
BREADSTICK	MOSS
CARROT	MUSHROOM
FERN	OAT
GRASS	PARSNIP
GREENS	SPRINKLES
HAY	SUGAR

Puzzle 52: Santa's Food

```
G K E T A P
M L R I U D
E I K O O C
I M S T E W
P O R R I D G E M E
E N A C Y D N A C K
C H O C O L A T E A
N A G N I D D U P C
I S A N D W I C H O
M E A T P I E S K P
```

CAKE   PÂTÉ
CANDY CANE   PORRIDGE
CHOCOLATE   PUDDING
COOKIE   SANDWICH
MEAT PIE   SOUP
MILK   STEW
MINCE PIE   TEA

Puzzle 53: Areas of Water

```
        E F O G V R
        S P N C A E
        T I L H N S
        R B O A G M
P U D P E G O N L N
R O S U A K P N A O
E K N D M N A E C O
V O H D A T S L I G
I T E L N I P K E A
R E S E R V O I R L
```

CHANNEL	POOL
GLACIER	PUDDLE
INLET	RESERVOIR
LAGOON	RIVER
LAKE	SEA
OCEAN	SPRING
POND	STREAM

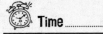 

Puzzle 54: Bells

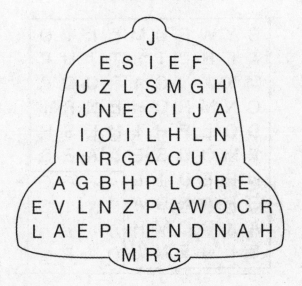

BRONZE	HAND
CHIME	JINGLE
CHURCH	PEAL
CLANG	RING
CLAPPER	SILVER
COW	SLEIGH

Puzzle 55: Mammals

```
B Y W R U M E L T O
A E H P T S T I H P
M K A N G A R O O P
O N M R C H B N R I
D O L P H I N E S H
F M O U S E L A E S
N B E D I L
C P A N D A
A K R O M H
B L G E N W
```

APE	KANGAROO
BAT	LEMUR
BEAR	LION
CAT	MONKEY
DOG	MOUSE
DOLPHIN	PANDA
HIPPO	SEAL
HORSE	WHALE

Puzzle 56: Christmas Tales

```
L O R A C M M G N S
S N O W M A N L U H
T I L R G U E X T O
D F S I A F L E C E
G R I N C H V E R M
T F M G S T E R A A
H L P E A I S T C K
U P O L A R N R K E
T I N S O L D I E R
S S E R P X E F R W
```

CAROL	MAGI
ELVES	NUTCRACKER
EXPRESS	POLAR
FIR TREE	SHOEMAKER
GIFT	SNOWMAN
GRINCH	TIN SOLDIER

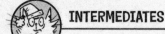

Puzzle 57: Poems

```
S M A R K E T U G P
D A P N R L Y B R I
A S U L W N G O E M
F E S O R D E R C A
F U S T W O R V I N
O Z Y M A N D I A S
D F C G O B L I N R
I N A H K A L B U K
L S T E N N O S R A
S L S U T C I V N I
```

DAFFODILS	OZYMANDIAS
GOBLIN	PUSSYCAT
GRECIAN URN	RAVEN
IF	RED ROSE
INVICTUS	SONNETS
KUBLA KHAN	TYGER
MARKET	US TWO
OWL	

Puzzle 58: Film Genres

```
A N I M A T I O N R
C A C O M E D Y S I
T L A C I S U M O T
I P E M L W I N S H
O H D O A I N L C R
N O I R M S D R I I
      A U I H F L
      S M E T I L
      E W A D N E
      H O R R O R
```

ACTION	MUSICAL
ANIMATION	NOIR
COMEDY	ROMCOM
CRIME	SCI-FI
DRAMA	THRILLER
HORROR	WAR
INDIE	

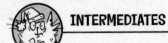 

Puzzle 59: Emotions

```
P R I D E R R
R T A V P T
H A T E I U
S S E R T S
S H M F Y T B I D M
E G A R U O C S N L
N F H S E L J Y O A
D I S G U S T V R C
A N G E R V E N M P
S U R P R I S E T D
```

ANGER
CALM
COURAGE
DISGUST
ENVY
FEAR
HATE
JOY

LOVE
PITY
PRIDE
SADNESS
SHAME
STRESS
SURPRISE

Time .... INTERMEDIATES

Puzzle 60: Leaves

```
        I E C H D P
        R N O B Y S
        Y L E F S M
        L E N I P A
G C S Y C A M O R E
Y E W H R O L J U B
K D A I C A C A C N
V A F J U N I P E R
S R O H V F E I M O
B F N R O H T W A H
```

ACACIA	JUNIPER
BEECH	OAK
CEDAR	PINE
FIR	SPRUCE
HAWTHORN	SYCAMORE
HOLLY	YEW
HORNBEAM	

Puzzle 61: Theatre

```
P B O X O F F I C E
L A R T C Y B B O L
A L C S L L A T S P
Y C H       R T E
E O E       O U B
N N S       T M S
E Y T       C E G
C U R T A I N A X N
S T A G E W T C Y I
D I R E C T O R B W
```

ACTOR	ORCHESTRA
BALCONY	PLAY
BOX OFFICE	SCENE
COSTUME	SEAT
CURTAIN	STAGE
DIRECTOR	STALLS
LOBBY	WINGS

Puzzle 62: Christmas in Germany

```
S A U S A G E N O P
A S L E S U O R A C
L U B S R E T T E L
O P E N E L L O T S
H M L B G O O S E C
C A L E N D A R K L
I R P L I G
N K E R S O
T E K R A M
S L O R A C
```

BELL	LETTERS
CALENDAR	MARKET
CAROLS	SAUSAGE
CAROUSEL	SINGERS
CARP	ST NICHOLAS
GOOSE	STOLLEN
KRAMPUS	

Puzzle 63: Wrapping Gifts

```
E N V E L O P E W U
F O L D P M A T S G
P B N R E K C I T S
M B O W R P S T I R
P I O R E P A P S O
A R C X T G O T S S
        T X A E U S
        I E U B E I
        L L E V R C
        G N I R T S
```

BAG	RIBBON
BOW	SCISSORS
BOX	STAMP
ENVELOPE	STICKER
FOLD	STRING
GLITTER	TAG
GLUE	TAPE
PAPER	TISSUE

Level Three:
Advanced

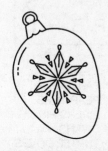

Puzzle 64: "Twelve Days of Christmas" Lyrics

```
S G N I R D L O G M B T
P U W L O V E I N G R U
G E E S E L A Y I N G R
L O R D S S P L P I S T
A V F O R D I E I C N L
D M I L K I N G P N A E
I L O E V A G K S A W D
E V S R E M M U R D S O
S S N E H H C N E R F V
E G D I R T R A P S O E
C A L L I N G B I R D S
N E E R T R A E P B H L
```

CALLING BIRDS	GOLD RINGS	MILKING
DANCING	LADIES	PARTRIDGE
DRUMMERS	LEAPING	PEAR TREE
FRENCH HENS	LORDS	PIPERS PIPING
GAVE	LOVE	SWANS
GEESE LAYING	MAIDS	TURTLE DOVES

Puzzle 65: Fairy-Tale Characters

```
U F A E T I H W W O N S
P A L E S N A H J A C K
R L A L L E R E D N I C
I E D L G R Y K C Q U O
N T D S N A H R U B P L
C E I Q I P M E I E A I
E R N B L U E B E A R D
I G A C K N R E Z U F L
        C Z M A W T E O
        U E A S H Y M G
        D L I T N A I G
        A U D W I T C H
```

ALADDIN   FAIRY   MERMAID
BEAST   GIANT   PRINCE
BEAUTY   GOLDILOCKS   QUEEN
BLUEBEARD   GRETEL   RAPUNZEL
CINDERELLA   HANSEL   SNOW WHITE
DUCKLING   JACK   WITCH

Puzzle 66: Jingle Bells

```
O P E N S L E I G H T A
S N I G G B W E N R J S
P U E B N N R D I F I T
G L S H T I I I H N L I
N J L A O B H R G F N R
I V I W N R P S U H O I
O U A N I J S N A Y T P
P Y T C G F I E L D S S
E W B N H L A U
D A O P T O E M
K S B N L I R B
B E L L S O N C
```

BELLS	FUN	RIDE	SPIRITS
BOBTAILS	JINGLE	RING	TONIGHT
BRIGHT	LAUGHING	SING	WAY
DASHING	ONE-HORSE	SNOW	
FIELDS	OPEN SLEIGH	SONG	

Puzzle 67: Constellations

```
A S U E S R E P
I A C R O E D B
E D Y U J T L R
P E G A S U S U
O M N V I X U R C A Y P
I O U L E G T S D R L C
S R S S L P E A R D E Y
S D O Y C O C M A Y P H
A N R K I A N A C H U X
C A N I S M A J O R S O
S N E P R E S O R I O N
E F D N A G I R U A C S
```

ANDROMEDA · CRUX · LEPUS · PERSEUS
AURIGA · CYGNUS · LYRA · SERPENS
CANIS MAJOR · DRACO · MUSCA · URSA MAJOR
CASSIOPEIA · HERCULES · ORION
CETUS · HYDRA · PEGASUS

Puzzle 68: Christmas Outfits

```
        S  N  I  U  Q  E  S  T
        T  A  D  P  N  A  S  B
        O  G  E  Y  N  G  R  I
        O  I  I  J  U  M  E  G
  S  E  O  K  B  D  T  A  H  F  L  E
  L  I  Y  D  E  R  T  M  U  Q  T  A
  I  S  A  N  T  A  H  A  T  E  N  R
  P  E  L  O  R  C  G  S  Y  P  A  R
  P  N  B  F  G  L  I  T  T  E  R  I
  E  O  P  A  P  E  R  C  R  O  W  N
  R  E  P  M  U  J  B  N  E  E  R  G
  S  L  P  A  R  T  Y  D  R  E  S  S
```

ANTLERS	GLITTER	PYJAMAS
BIG EARRINGS	GREEN	RED
BOOTS	JUMPER	SANTA HAT
BRIGHT TIE	ONESIE	SEQUINS
CARDIGAN	PAPER CROWN	SLIPPERS
ELF HAT	PARTY DRESS	

Puzzle 69: Fireworks

```
S F I R F I Z Z
F O U N T A I N
I P L S N A K E
R O C K E T B U
E R E N N I P S S U P Y
C G W Y M C P E P N B A
R K H B O A O F I O A L
A M E N R K P M L O R P
C O E K L E P B E D R S
K A L D N H E U F T A I
E E H I C O R R A K G D
R O M A N C A N D L E T
```

BARRAGE	FIZZ	ROMAN CANDLE
BURN	FOUNTAIN	SNAKE
CAKE	FUSE	SNAP
COMET	MINE	SPARKLER
DISPLAY	POPPER	SPINNER
FIRECRACKER	ROCKET	WHEEL

Puzzle 70: Artists

```
H E P W O R T H C G R T
O L S L G U I E O H L D
C B H M B R V Y N G O N
D A O A S W A R H O L A
K T C T       A G M R
C S K I       K N D B
O N N S       M A Y M
L O E S       I V N E
L C Y E D A V I N C I R
O S S A C I P L N O M U
P O L W M A T U R N E R
M I C H E L A N G E L O
```

CONSTABLE	HIRST	PICASSO
DA VINCI	HOCKNEY	POLLOCK
DALI	KAHLO	REMBRANDT
EMIN	MATISSE	TURNER
GOYA	MICHELANGELO	VAN GOGH
HEPWORTH	MONET	WARHOL

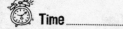 

Puzzle 71: Mermaids

```
D U B M I R R O R G S E
H S I F O L I N G P H U
U W H I F D W A T E A N
S E L A C S G B H R E D
M I R T P O C N A O D E
O S N L A E M H I L N R
D M H G Y E S B O K U W
N C I F T N S H E L L A
        U S B F I O I T
        A O K S I F A E
        E N C H A N T R
        B E A V I W S L
```

BEAUTY	HAIR	SHELL
COMB	KINGDOM	SING
ENCHANT	MIRROR	SWIM
FINS	SCALES	TAIL
FISH	SEA	UNDERWATER
FOLKLORE	SHAPE SHIFT	

Puzzle 72: Christmas Markets

```
C H A L E T O U R I S T
D A E R B R E G N I G R
E N R T O S T H G I L A
C D A U C H A C F N A D
O I U N A L L T I G R E
R C Q T R P O R R S T R
A R S S O D C E F A U L
T A N E U R O P E A N M
I F W H S I H P
O T O C E B C O
N S T A L L Q H
S D R A C M U S
```

ART	DECORATIONS	MUSIC
CARDS	EUROPEAN	SHOPPER
CAROUSEL	GIFT	STALL
CHALET	GINGERBREAD	TOURIST
CHESTNUT	HANDICRAFTS	TOWN SQUARE
CHOCOLATE	LIGHTS	TRADER

Puzzle 73: Zodiac Signs and Elements

```
N D F S A G O T
K G E M Q L V R
O C B D U H I C
S M W A T E R L
A R E I G B U R R P G O
Q E P V O R A Q U B O F
U I D N W E T C O M I R
A G S P A C L W A R P L
R H F R I N I M E G R I
I P I H T A U R U S O B
U E N R O C I R P A C A
S A G I T T A R I U S V
```

AIR	FIRE	SCORPIO
AQUARIUS	GEMINI	TAURUS
ARIES	LEO	VIRGO
CANCER	LIBRA	WATER
CAPRICORN	PISCES	
EARTH	SAGITTARIUS	

Puzzle 74: Frozen

```
P A B B I E D T O H S U
R P C N O T L E S E W M
I O       L S R U B A
N A       O H A N S R
C K       W R P V L S
E E       L E R K L H
S N O W M A N E I A O M
S V A E L L E D N E R A
E R K S F O B N C W T L
W U B U L D A I E C N L
D B M A R I P E S V G O
L F F O T S I R K A S W
```

ANNA	HANS	PABBIE	SVEN
ARENDELLE	KRISTOFF	PRINCE	TROLLS
BULDA	MARSHMALLOW	PRINCESS	WESELTON
DUKE	OAKEN	REINDEER	
ELSA	OLAF	SNOWMAN	

Puzzle 75: "Silent Night" Lyrics

```
B O R A I M T W
C R G D O T E I
K F I T H O N E
S A H G S V D R
D E I T H I E D L I H C
R N S E N T R U Y N E T
E O D B S U G H T F A N
H M D Y O T O P C E V A
P D L I M R E J E G E F
E O V A H A N O F E N N
H A S D C H E R A M L I
S I L E N T C N O L Y S
```

BORN	HEAVENLY	MOTHER	SILENT
BRIGHT	HOLY	NIGHT	SLEEP
CALM	HOSTS	PEACE	TENDER
CHILD	INFANT	SAVIOUR	
CHRIST	MILD	SHEPHERDS	

Puzzle 76: Stockings

```
F R E L L I F B
L M V P A K R E
R A E V T N U O
  N S A N I I
  T A W O T T
  E M M W T F
  L T N E E I
  P S O L D R
  I I T F H E T
  E R T S O P D E B D
  C H O C O L A T E Y M
  E C C K H A N G O W A
    N I O C A T N A S
      E M S L H
```

BEDPOST	COTTON	FRUIT	NAME
CHOCOLATE	FELT	HANG	SANTA
CHRISTMAS EVE	FILLER	KNITTED	SWEET
COIN	FIREPLACE	MANTELPIECE	TOY

Puzzle 77: Winter Wonderland

```
G Y N I A R T U H B F H
F A C E P A I N T I N G
O L M T D K P D C L M I
O P R E E D N I E R A E
D S Y V S A O F L S R L
R I S A N T A U V G K S
T D N       N E N E O
S T O       F S I T H
A H W       A M T R E
N G O       I O A I G
D I S W B L V R G K F N
O L E E H W G I B S A M
```

BIG WHEEL	GAMES	RIDES	SNOW
ELVES	GROTTO	SANTA	TRAIN
FACE PAINTING	LIGHT DISPLAY	SHOW	
FOOD	MARKET	SKATING	
FUNFAIR	REINDEER	SLEIGH	

Puzzle 78: Hairstyles

```
B U Z Z C U T B S T I A
E U D R E A D L O C K S
E G N I R F A N O B L Y
H Q T E M Y K X P E R M
I F K N E P M I R C N M
V A F R O W Z S D R O E
E L S T B O U F F A N T
Y I C P E R Q F T S G R
        I D L I V X I I
        X G A U Z M H C
        I L Y Q G E C A
        P O N Y T A I L
```

AFRO	BUN	FRINGE	PONYTAIL
ASYMMETRICAL	BUZZ CUT	LAYERS	QUIFF
BEEHIVE	CHIGNON	PERM	TOPKNOT
BOB	CRIMP	PIXIE	
BOUFFANT	DREADLOCKS	PLAIT	

Puzzle 79: Christmas Shopping

```
B H I G H S T R E E T Y
T U O K C E H C Q U E S
R L S C W N G T S H K E
A N G Y S I I F L G R X
F O U D F L N H O X A O
F G R T D N E P S O M B
I A S R X O T Y L A D P
C Q M A K D A G L I C O
A R U W T I L L
D G H E Q K D R
P I L D U C Y V
S H O P P E R S
```

BAGS	CHECK OUT	MALL	SPEND
BOXES	FOOD	MARKET	TILL
BUSY	GIFTS	ONLINE	TRAFFIC
CARDS	HIGH STREET	QUEUE	
CASH	LATE NIGHT	SHOPPERS	

Puzzle 80: World Foods

```
      B K D K C G E Y
      O A L L E A P F
      R H J M S B W N
      K C P I Z Z A M
R I G T S R U W T A R B
I S E L D O O N P K E A
J C S E Z I H S C A D G
A K C O U S C O U S W E
H U M M U S V C R S O L
B E L F F A W A R U H Z
D O N A A N U T Y O C I
C N W N O T G N I M A L
```

BAGEL	CROISSANT	MOUSSAKA	SUSHI
BHAJI	CURRY	NAAN	TACO
BRATWURST	HUMMUS	NOODLES	WAFFLE
CHOWDER	KEBAB	PAELLA	
COUSCOUS	LAMINGTON	PIZZA	

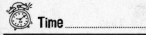 

Puzzle 81: Fairies

```
E R O L K L O F
T I U S H A Y L
C G A R D E N O
H O F E Y L F I
A W A N D O L N E L K T
N S I M R O O V A C I G
G T R N A T W I S H D T
E S Y C G S E S T L E O
L U L I W D R I N G R O
I D A G R A U B U A O T
N V N A E O D L K I S H
G O D M O T H E R W B P
```

CHANGELING	FLY	MAGIC	WAND
DUST	FOLKLORE	RING	WING
EARS	GARDEN	TINY	WISH
FAIRYLAND	GODMOTHER	TOADSTOOL	
FLOWER	INVISIBLE	TOOTH	

Puzzle 82: Musical Instruments

```
R E T D C L W S I P O S
E N F E L G N A I R T B
D I L Y N M U A O E R D
R L K T G I N I E T I S
O O X O R O R L T O C A
C I S B P U P A U A B X
E V P I A A M T L D R O
R A T L N G D P F C A P
        A U P R E L T H
        G L V I U T I O
        R H A R P M S N
        O U K U L E L E
```

BAGPIPE	GUITAR	RECORDER	TRUMPET
CELLO	HARP	SAXOPHONE	UKULELE
CLARINET	OBOE	SITAR	VIOLIN
DRUM	ORGAN	STEEL PAN	
FLUTE	PIANO	TRIANGLE	

Puzzle 83: Christmas in Sweden

```
M S L E S S A T
D A E R B E Y R
F U H A R M V I
L S R Y V O O C
L L A B T A E M G N H E
T U L I P G A W E G C P
A P R O C E S S I O N U
S G I N G E R B R E A D
L G C H E L N D F S W D
W A R T S Y T E L L P I
C H A N D E L I E R A N
H P I C M H E R R I N G
```

ANCHOVY	HAM	RYE BREAD
CHANDELIER	HERRING	SAUSAGE
EEL	MEATBALL	STRAW
FLAG	PÂTÉ	TASSELS
GINGERBREAD	PROCESSION	TULIP
GNOMES	RICE PUDDING	

Puzzle 84: Types of Tea

```
B L A C K R H E R B A L
D T S A F K A E R B G A
A T A M W C A M N O N I
R K F O G W H E E J O C
J A S M I N E A T U L H
E Y E I N R O O I B O S
E A R L G R E Y H L O A
L L D E C A F A W T Y J
I B U K T D O S
N O M E L N M S
G I N G E R I A
E L A H C T A M
```

ASSAM	DARJEELING	HERBAL	OOLONG
BLACK	DECAF	JASMINE	ROOIBOS
BREAKFAST	EARL GREY	LEMON	WHITE
CAMOMILE	GINGER	MATCHA	
CHAI	GREEN	MINT	

Puzzle 85: Card Games

```
O S T H G I E Y Z A R C
B L A C K J A C K O E R
P A D Y W G         K I
E P H M D O         O B
C J T M A F         P B
N A P U L I         R A
S C N R M S D L F I E G
T K V A G H C P D W D E
R Y B F S C H G A J I K
A W H I S T E R M N P F
E C N E I T A P O K S W
H Y S O L I T A I R E J
```

BLACKJACK	CRIBBAGE	POKER	SPIDER
BRIDGE	GO FISH	RUMMY	WAR
CANASTA	HEARTS	SLAPJACK	WHIST
CHEAT	OLD MAID	SNAP	
CRAZY EIGHTS	PATIENCE	SOLITAIRE	

Puzzle 86: Underwater Animals

```
N T U Y E S R O H A E S
I E D O F J E C A P U W
H R B C R E K T M P H A
P L C R T S U I O A S J
L M O A K R R T L Y I E
O A N B T H C E S I F L
D A H L S O Y S T E R L
M P E W S T I N G R A Y
        R E E L K O T F
        B A A R R Y S I
        J E N C R A N S
        S H A R K O W H
```

CRAB	MANATEE	SEAHORSE	STINGRAY
DOLPHIN	NARWHAL	SEAL	TURTLE
EEL	OCTOPUS	SHARK	WHALE
JELLYFISH	ORCA	SHRIMP	
LOBSTER	OYSTER	STARFISH	

Puzzle 87: Safari Animals

```
C H E E T A H O
R Y R H I N I B
O H G Z G E P J
C P I O E Y P A
O E R N R H O C H Y S F
D W O I O I A K I F B L
I I G M Y K L A P N A E
L E O P A R D L Z E B C
E F F A R I G E A I O N
B A D L B U F F A L O I
S B K A E L E P H A N T
E L L E Z A G I R O N G
```

BABOON	GAZELLE	HYENA	LION
BUFFALO	GIRAFFE	IMPALA	RHINO
CHEETAH	GORILLA	JACKAL	TIGER
CROCODILE	HIPPO	LEOPARD	ZEBRA
ELEPHANT			

Puzzle 88: Christmas in Italy

```
G N I K C O T S
  A E C S Q U I D
  T P M A O R K C
  G A S L A Q I G
T A G U O N I O T U N O
I E T S A E F H S I F O
R F E S C T O C A W L D
B W K A H T P I P E R W
E U R M N O N N A C E I
L O A Y P N B T E S M T
L N M E N E C S B I R C
U T S K I I N G O P K H
```

BELL	GOOD WITCH	PANETTONE	SKIING
CANNON	MARKET	PASTA	SQUID
CAROL	MASS	PIPER	ST NICHOLAS
CRIB SCENE	NOUGAT	POPE	STOCKING
FISH FEAST			

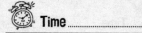

Puzzle 89: Sweets

```
T L O L L I P O P D M R
F I Z Z Y L E M A R A C
R Q D E L I O B F O U H
B U B B L E G U M Z Y S
M O O H E G D I B I W G
O R F S J G N U A L E J
C I D G E T E B R E H S
Y C H O C O L A T E C M
E E F F O T T C
N W Q U O H N E
O S H E T A I Z
H W O L L A M N
```

BOILED	FIZZY	JELLY	MINT
BUBBLE GUM	FOAM	LIQUORICE	SHERBET
CARAMEL	FUDGE	LOLLIPOP	SOUR
CHEWY	HONEYCOMB	MALLOW	TOFFEE
CHOCOLATE			

Puzzle 90: Summer Sports

```
F T R U S A R C H E R Y
C I T E O K T A B D E H
Y E L O G P W T E K N V
C G N I E O N A C C F O
L N O W A L L O Y A L L
I I T S K O H F C R B L
N M N A I R T S E U Q E
G M I S U R F I N G U Y
N I M S A E L N G B E B
G W D R O W I N G Y N A
K S A T H U Q E Y R M L
L O B A S K E T B A L L
```

ARCHERY	CYCLING	POLO	SWIMMING
BADMINTON	EQUESTRIAN	ROWING	TENNIS
BASKETBALL	GOLF	RUGBY	VOLLEYBALL
CANOEING	HOCKEY	SURFING	

Puzzle 91: Winter Sports

```
D P S Y E K C O H E C I
R C T P M U J I K S R B
A K D E E P S M K N O O
O C E G Y G O A H O S B
B O U F N L T R L W S S
W L M I A I J A G K C L
O A I L N N I L N I O E
N K S G O S G P I T U I
S N O W M O B I L I N G
S K E L E T O N R N T H
T B F I G U R E U G R D
J U M N O R D I C A Y G
```

ALPINE	FIGURE	SKATING	SNOWBOARD
BOBSLEIGH	ICE	SKELETON	SNOWKITING
CROSS	HOCKEY	SKIING	SNOWMOBILING
COUNTRY	LUGE	SKI JUMP	SPEED
CURLING	NORDIC	SLALOM	

Puzzle 92: Herbs and Spices

```
S M E A F Y E L S R A P
E B C G E M T U N A T E
V A H F A E L Y A B H P
O F I R O S E M A R Y P
L P L D N G K S N O M E
C L L C O R I A N D E R
V E I P M L S E V I H C
R Y L D A O N A G E R O
          N M O H N D C R
          N I V C U M I N
          I N O R F F A S
          C I R E M U T M
```

BASIL	CLOVES	OREGANO	SAGE
BAY LEAF	CORIANDER	PARSLEY	THYME
CHILLI	CUMIN	PEPPERCORNS	TUMERIC
CHIVES	DILL	ROSEMARY	
CINNAMON	NUTMEG	SAFFRON	

Puzzle 93: Famous Ships

```
B D G O L D E N H I N D
I M A B Y R O T C I V E
S A R K E E K I N P O T
K Y K C R A M S I B L S
R F R I U D G U K O U E
A L O N O N E L M U S L
S O Y A V O G P E N I E
Y W A T A U F Y T T T C
T E L I E G B R O Y A Y
T R Y T D H E A P L N R
U E S A N T A M A R I A
C T F L E S O R Y R A M
```

ARK ROYAL   CUTTY SARK   LUSITANIA   POTEMKIN
BEAGLE   DREADNOUGHT   MARY CELESTE   SANTA MARIA
BISMARCK   ENDEAVOUR   MARY ROSE   TITANIC
BOUNTY   GOLDEN HIND   MAYFLOWER   VICTORY

Puzzle 94: Festive Wreaths

```
                M O
        C I R R Y E B H
      A D O S F M I N G C
    E Y O S D H A N G M A D
    B E O E N O C E N I P O
    E M R H         L S V O
  I R A T C         I T U Y T
  A R R W I         D L B L I
  Y F I R           B E L L
  V E N C G H E A R T M O
    P A E L B U A B M O S H
      N K E T A R O C E D
        V C S I F W E P
                H R
```

BAUBLE	DECORATE	HEART	MISTLETOE
BELL	DOOR	HOLLY	MOSS
BERRY	FRAME	IVY	PINE CONE
BOW	HANG	LEAF	TWINE
CIRCLE			

Puzzle 95: "Joy to the World" Lyrics

```
P H R E I G N S
L J T N M S A D
D I G R G Y T W
B W D N E K U H
H F O L I C R G E K E A
T S M N O D E H N A T Y
R A G M L R N I C I R B
A J E R A E D U V O S T
E G O P V A S E O E M L
D W E A E I O M Y S O Y
F R E N A R U O I V A S
P H T M T E J L R K I D
```

COME	KING	REIGNS	SONGS
EARTH	LORD	REPEAT	SOUNDING
HEART	NATURE	ROOM	WORLD
HEAVEN	PREPARE	SAVIOUR	
JOY	RECEIVE	SING	

Puzzle 96: Going on Holiday

```
L A N I A R T D
T B E F L A X K
A C H E C K I N
T I V P O S M W
C O A U L A N I M R E T
H R A I R F X A V T S I
E H N T Y R E I Y I A C
R C E Y C N E R R U C K
M A V P A S S P O R T E
I O A L R G B O P X I T
O C P A F E R R Y S U R
K O O B N O I T A T S A
```

AIRPORT	CURRENCY	PLANE	TERMINAL
BOOK	FERRY	STATION	TICKET
CAR	PACK	SUITCASE	TRAIN
CHECK IN	PASSPORT	TAXI	TRAVEL
COACH			

Puzzle 97: Tennis

```
T A S G A T A M U E D G
V H F I R N L O V Y P L
P R L U T D E U C E H S
L A O A C H K T A M U D
A C V F     G F O B
Y K P S     O V C P
E E T I     C O S S
R T L Y     A E E E
A L E L E L H C T A M R
L E L L O C H K E D A V
R A Y A D V A N T A G E
V O B R B D E R I P M U
```

ACE	DEUCE	NET	SET
ADVANTAGE	FAULT	PLAYER	UMPIRE
BALL	GAME	RACKET	VOLLEY
COACH	LOVE	RALLY	
COURT	MATCH	SERVE	

Puzzle 98: Angels

```
L E I R B A G P
S V E T N U A L
C G S T O C R V
L D S G Y H F E
E B E U N O E Y H I S D
G U A R D I A N L C K F
N N E M P R W I P F H H
A C I R A U G R L S E M
H E A S N H A L O U A B
C F E A T H E R S B V N
R E G N E S S E M G E L
A R C O S D I V L Y N R
```

ARCHANGEL	FEATHERS	HALO	MESSENGER
ARMY	FLY	HARP	ROBE
CHERUB	GABRIEL	HEAVEN	SING
CHOIR	GUARDIAN	LIGHT	WINGS

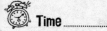 

Puzzle 99: Children's Authors

```
D O N A L D S O N G C S
R G A I M A N E E M S N
S R D S C M S B I O L A
E U H G A O W L K I E M
U P O D R K N Y L T W K
S R R U R E T T O P I C
S O W P O T O D T S S A
S M A I L L A W E L B L
  L H N O T Y L B
  L S E R V C L I
  A R O W L I N G
  S Y E N N I K L
```

BLACKMAN	DONALDSON	MILNE	ROWLING
BLYTON	DR SEUSS	MORPURGO	TOLKIEN
C S LEWIS	GAIMAN	POTTER	WALLIAMS
CARROLL	KINNEY	ROSEN	WILSON
DAHL			

Puzzle 100: Carols

```
D F R B E T H L E H E M
L I T T L E M G S N T E
A R N H U G S D I S K R
R S E G N I C L A S C R
E T R I D F R N E W M I
H M K N W O T R D G A L
S A L S E C N E W O N Y
L N L I F Y C G H T W A
D I O L Y K O N R
R D L E S R S A
K T I N L A G M
L B E T A H E R
```

ANGELS	FIRST	LITTLE	SILENT
AWAY	HALLS	MANGER	TOWN
BETHLEHEM	HARK	MERRILY	WENCESLAS
DECK	HERALD	NIGHT	
DING DONG	KING	NOEL	

Puzzle 101: Wish List

```
      S Y A D I L O H
      H D S O A F V I
      L E S Y E N O M
      E P E A C E A M
R T C L V M N T A G P O
Y A F E A C I W I C L R
S L N F R K P C F W O T
H E A L T H P O W E R A
O N L S E G A U G N A L
L T D V M I H N B O V I
M R O W I S D O M A L T
S L M G T V B E A U T Y
```

BEAUTY	HOLIDAYS	MAGIC	TALENT
FAME	IMMORTALITY	MONEY	TIME TRAVEL
HAPPINESS	LANGUAGES	PEACE	WISDOM
HEALTH	LOVE	POWER	WIT

 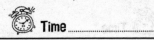

Puzzle 102: Tool Box

```
E L R D W R E N C H P V
S Q U A R E N N A P S R
A M S         T O R C H
N E D         Q U L R A
D A H         G A N E M
E R I         M Y E W M
R S I L C A P O S L D E
V N T L O B L S C I R R
L E V E L O B Q R F I N
S R E I L P A U E W V M
C I P F C T Y H W N E L
N T A P E M E A S U R E
```

BOLT	LEVEL	SAW	TAPE MEASURE
CLAMP	NAIL	SCREW	TORCH
DRILL	NUT	SCREWDRIVER	WRENCH
FILE	PLIERS	SPANNER	
HAMMER	SANDER	SQUARE	

Puzzle 103: Christmas in Greenland

```
E S I S B F B N
G K N E L F E T
D A U M I O R S
E R I A O E R T
L O T G H S Y A S A B C
S N E T T I M P C T O H
G A A C E N F P D F A U
R E B B U L B L F T K R
H T E E M R W E D G E C
E I K S L A E S P I W H
W H A L E S B C N U L R
H W C A R I B O U H O C
```

ANORAK	CAKE	GAMES	SLEDGE
APPLES	CARIBOU	HEATHER	STAR
AUK	CAROLS	INUIT	WHALES
BERRY	CHURCH	MITTENS	WHITE
BLUBBER	COFFEE	SEALS	

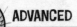

Puzzle 104: Breeds of Dog

```
D A C H S H U N D N X T
A P Y G L A B R A D O R
L H U X G O D L L U B O
R P O O D L E K M H I T
C H I H U A H U A C G T
T E R E V E I R T E R W
Y K S U H C U B I D O E
S H E E P D O G O F C I
        I V M L N X B L
        B E A G L E E E
        W T E R R I E R
        E S P A N I E L
```

BEAGLE	CORGI	LABRADOR	ROTTWEILER
BOXER	DACHSHUND	POODLE	SHEEPDOG
BULLDOG	DALMATION	PUG	SPANIEL
CHIHUAHUA	HUSKY	RETRIEVER	TERRIER
COLLIE			

Puzzle 105: Breeds of Cat

```
L N A I N I S S Y B A B
A O P B O B T A I L I U
G O E L L O D G A R C R
N C R O X Y A B M O B M
E E S N H H M A G K S E
B N I G P X N Y H P S S
R I A H T R O H S C N E
Y A N A I R E B I S Y T
D M R I C A M T
C O A R G D O B
K O M A N X P I
S I A M E S E G
```

ABYSSINIAN	BURMESE	MAINE COON	SHORTHAIR
BENGAL	EXOTIC	MANX	SIAMESE
BIRMAN	KORAT	PERSIAN	SIBERIAN
BOBTAIL	LONGHAIR	RAGDOLL	SPHYNX
BOMBAY			

 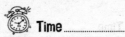

Puzzle 106: Shapes

```
C R E S C E N T R Y P I
I E R A U Q S U K R N C
R C     U Q I V O L
C T     B S P N S M
L A     M Z E P P U
E N     O B N Y N I
R G O N K V H X T R O Z
E L G N A I R T A A G E
H E D L Y K T X G M A P
P Y B S H I Z E O I X A
S Q A U C Y L I N D E R
M L V O C T A G O N H T
```

CIRCLE	HEXAGON	PRISM	SQUARE
CONE	KITE	PYRAMID	TRAPEZIUM
CRESCENT	OCTAGON	RECTANGLE	TRIANGLE
CUBE	OVAL	RHOMBUS	
CYLINDER	PENTAGON	SPHERE	

Puzzle 107: Snow White and the Seven Dwarves

```
        Y P M U R G H I
        Z E S P W L A Y
        E T P C O A P P
        E N R O O S P E
Q U E E N U I T D S Y E
U M G H S Q N M S C D L
D I A E T I H W W O N S
I E T I Q U E Z C F N G
A G T G E B A S H F U L
D H O H Y Z E C N I R P
F O C H D I A M O N D S
L N D O P G R B A P A H
```

BASHFUL	GLASS	HEIGH HO	SLEEPY
COTTAGE	COFFIN	MINE	SNEEZY
DIAMONDS	GRUMPY	PRINCE	SNOW WHITE
DOC	HAPPY	QUEEN	WOODS
DOPEY			

Puzzle 108: Exercises

```
S H D R B A L O
D S X T M P R P
Y I E E P R U B
E B P R G O C L
X J U M P T I C L S W K
T I S L L A W S Q U A T
E V H X S T P U F N P L
N E U E A I C Y C L E J
S S P W G O Y A B F T M
I I O H C N U R C F S G
O A N K D Q U A I R I K
N R J U M F P L A N K H
```

BURPEE	EXTENSION	PRESS	SQUAT
CRUNCH	JUMP	PULL UP	STEP
CURL	LIFT	PUSH UP	WALL SIT
CYCLE	LUNGE	RAISE	
DIP	PLANK	ROTATION	

Puzzle 109: "Ding Dong Merrily on High" Lyrics

```
G L O D I N G D O N G H
H O S I S L E C X E I O
E S A K       H G V S
A T Y L       H N E A
V E L R       G U R N
E E I U       N W I N
N P R G N I G N I S A A
W L R I V E N T G M N G
O E E B L X D I N S G H
L G M A K Y V B I N E X
E L P O E P A I R O L G
B E L L S M E R V D S W
```

ANGELS	GLORIA	PEOPLE	STEEPLE
BELLS	HEAVEN	RINGING	SWUNGEN
BELOW	HIGH	RIVEN	VERILY
DING DONG	HOSANNA	SINGING	
EXCELSIS	MERRILY	SKY	

Puzzle 110: Nobel Prize Winners

```
N E I R U C E I R A M I
I M R E F U F N M Y O N
E M A N D E L A N A T O
T U T U F L B T K W H C
S S C H R O D I N G E R
N S E D G V N D L N R A
I D Y L N G H Y K I T M
E T G N I M E L F M E O
        L O U A G E R T
        P B T N N H E G
        I A O N I E S T
        K W V O L V A P
```

DYLAN	HEMINGWAY	MARCONI	PAVLOV
EINSTEIN	KING	MARIE CURIE	SCHRODINGER
FERMI	KIPLING	MOTHER TERESA	TS ELIOT
FLEMING	MANDELA	OBAMA	TUTU

Puzzle 111: Minerals

```
L M U I S E N G A M R E
O A G R A P H I T E U D
H N Z T R A U Q P P H I
P G R A S E H P T Z P R
O A E D I R O L H C L O
T N D Z L C A L P H U U
A E K L I B A L C E S L
S S U R O H P S O H P F
S E O C L G A N
I N I C K E L I
U Z I N C L A T
M U I C L A C D
```

CALCIUM	GOLD	MANGANESE	SULPHUR
CHLORIDE	GRAPHITE	NICKEL	TALC
COBALT	IRON	PHOSPHORUS	ZINC
COPPER	LEAD	POTASSIUM	
FLUORIDE	MAGNESIUM	QUARTZ	

Puzzle 112: Christmas in France

```
S F T E K R A M
M I D K C U D I
P A C I H A U D
R A R T E R W N
S L I A N S I Y S S S I
H S P D K W B U T R U G
O Y L B R O S L N E C H
E E M E I R C E U T R T
S D A E O T E L T S I M
C T R P O N N O S Y C A
H S E K A C E G N O P S
Y U L F I R E W O R K S
```

CANDLES	FIREWORKS	NOEL	SPONGE CAKE
CHESTNUTS	MARKET	OYSTERS	WREATH
CIRCUS	MIDNIGHT	PARADE	YULE LOG
CRIB SCENE	MASS	SHOES	
DUCK	MISTLETOE	SNAILS	

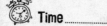

Puzzle 113: Gone Camping

```
D R E T H G I L E G R O
S W O L L A M H S R A M
T C O O L B O X K O E K
A O X P S G C F R U P C
R N R E T N A L H N O A
O A L C G I M A E D R P
T O M N H P P G E S Y K
P Y S A F E F V L H U C
      L E I U S E G A
      A L R G V E U B
      S S E V O T S F
      K P I T E N T L
```

BACKPACK	GROUNDSHEET	MARSHMALLOWS	TARP
CAMP FIRE	GUY ROPE	PEGS	TENT
COOLBOX	LANTERN	POLES	TORCH
FLASK	LIGHTER	SLEEPING BAG	
FUEL	MALLET	STOVE	

Puzzle 114: Swimming

```
L E N G T H B P
I K N D O S T R
F O I A N A H S
E R V C L E G A
G T O A K N U P L U S E
U S D N L W A D O B H R
A T I R T F R L A O A T
R S V D A L S C U L L C
D A E R T O K I R E L I
S E R D N A B M R A O K
P R F E R T N O A T W L
E B U T T E R F L Y O L
```

ARMBAND	CRAWL	KICK	SCULL
BACK	DEEP	LANE	SHALLOW
BOARD	DIVE	LENGTH	TREAD
BREASTSTROKE	FLOAT	LIFEGUARD	
BUTTERFLY	FRONT	POOL	

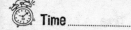 

Puzzle 115: Log Burner

```
W O H D C H I S E G R N
E A M I T X O B E R I F
U G R R T S M U D S M L
F L A M E S U X O E E A
C E O O L F Q D O H C R
H E A T T P U U W S I S
I T K     E T A R G
M S U     U L W S O
N C Q     L I M T K
E O I     F O O E S
Y N R U B D N K X G R B
A B R I Q U E T T E S M
```

ASHES	FLAMES	HEAT	STEEL
BRIQUETTES	FLUE	IRON	WARM
BURN	FUEL	LOGS	WOOD
CHIMNEY	GRATE	SAWDUST	
FIREBOX	HEARTH	SMOKE	

Puzzle 116: Religions

```
M A M U S T W Z
U J E D D S T O
S K T N L I C R
L I H I I O Z O
N L O C I L O H T A C A
A A T E M H D P K T J S
C O N F U C I A N I S T
I L I F U S S D J F S R
L K H J M A T B S E A I
G T S I H D D U B N W A
N R A S T A F A R I A N
A L W N A I T S I R H C
```

ANGLICAN   CONFUCIANIST   METHODIST   SIKH
BUDDHIST   HINDU   MUSLIM   SUFI
CATHOLIC   JAIN   RASTAFARIAN   TAOIST
CHRISTIAN   JEW   SHINTO   ZOROASTRIA

Level Four:
Ace Puzzlers

Puzzle 117: Christmas in North America

```
H Y A D I R F K C A L B L S
I C E S C U L P T U R E R C
R U O F E S N R E T N A L I
F M B O S E L A M A T G A P
T U A R K R E U A S D O N Y
O L F E A I C K L
D B F M T F E A N
N H M M I N D S P
R K A U N O A H I
O A N M G B R I C
C T N A E G A P K I E V M G
P T A F F Y P U L L A N E C
O U Y D N A C Y E L R A B O
P R T U R N I P S K A T H R
```

BARLEY CANDY	ICE SCULPTURE	PICKLES
BLACK FRIDAY	ICE SKATING	POPCORN
BONFIRES	LANTERNS	SAUERKRAUT
COOKIES	MUMMER	TAFFY PULL
GUMBO	PAGEANT	TAMALES
HAM	PARADE	TURNIPS

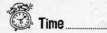

Puzzle 118: Mountains and Volcanoes

```
          D T W S N E D M K
          N A H G V L E T J
          J B K E L B W T U
          U L R A G O Y W N
          F E S U R B L E G
P O J D B S U G A R L O A F
B L S E T E V J E K U B W R
L D U N S I N A I I G L J A
A G P A C A C N G K B S U U
N A M L M A T T E R H O R N
C W Y I K G W N R V A R E R
T O L Y H I V E V J I T M O
W I O B R N O D W O N S E N
K R A K A T O A U A O L W C
```

BEN NEVIS
BLANC
COOK
DENALI
EIGER
ELBRUS
ETNA

EVEREST
FUJI
JUNGFRAU
K TWO
KILIMANJARO
KRAKATOA
MATTERHORN

OLYMPUS
SINAI
SNOWDON
SUGARLOAF
TABLE
ULURU

 **ACE PUZZLERS**

 Time ....

Puzzle 119: Famous Streets

```
C H A N D N I C H O W K K R
H A R L E Y P L D R O F X O
A P A                 I R D
M P G                 F D E
P I R T S S A G E V A T R O
S H A M B L E S L O L H A D
E C D D A O R Y E B B A B R
L R O X F V E G Y R M V M I
Y A W N A I P P A O A E O V
S O N B B M F I F A R N L E
E L I M L A Y O R D A U I G
E L N G L D X N K W L E M S
S A G H I N O T F A R G L Y
G W H C A R N A B Y A W U T
```

ABBEY ROAD	DOWNING	OXFORD
APPIAN WAY	FIFTH AVENUE	RODEO DRIVE
BROADWAY	GRAFTON	ROYAL MILE
CARNABY	HARLEY	SHAMBLES
CHAMPS-ÉLYSÉES	LA RAMBLA	VEGAS STRIP
CHANDNI CHOWK	LOMBARD	WALL

Puzzle 120: Paralympic Events

```
G N P O W E R L I F T I N G
E B A D S Q S I N N E T P O
D T Y N C U S Y R E H C R A
C R B O I E M J B F L O O L
O I A W T S M A O G Q D W B
B A S K E T B A L L U Y I A
A T W E L R N K I J C R N L
D H I A H I F E N C I N G L
M A M T T A S H O O T I N G
I L M C A N O E B O C C I A
N O I Y E         J U Q L T
T N N O W         P Y R C H
O L G O T         L P B Y A
N A C C U         D S N C I
```

ARCHERY	EQUESTRIAN	SHOOTING
ATHLETICS	FENCING	SWIMMING
BADMINTON	GOALBALL	TAEKWONDO
BASKETBALL	JUDO	TENNIS
BOCCIA	POWERLIFTING	TRIATHALON
CANOE	ROWING	
CYCLING	RUGBY	

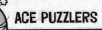

Puzzle 121: Puzzling Puzzles

```
W O R D T R A I L
O D T O B K L O P
R W I T R J G W G
D I F T D I F E J
S E D O C G S K C
E D R D I F F E R E N C E G
A R O O L W N U M Z C R C H
R U W T G E K C I A E O N E
C R Y P T O G R A M N S E D
H M L Q D Y I C H E S S U D
F R S U E R U T C I P W Q S
W A S G I J R V H L W O E P
D M A T O Q N U M B E R S Z
K C I T S H C T A M L D A C
```

CHESS	JIGSAW	RIDDLE
CODE	LOGIC	SEQUENCE
CROSSWORD	MATCHSTICK	SUDOKU
CRYPTOGRAM	MAZE	WORD FIT
DIFFERENCE	NUMBER	WORD TRAIL
DOT TO DOT	PICTURE	WORDSEARCH

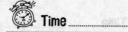
Puzzle 122: Space Exploration

```
M O O N       R E V O R
A B S R       S P F E T
S S T E       A O L B R
T E A D       T C Y B N
R R T N       E S B U I
O V I A C A P S U L E Y U Z
N A O L O A L P O L L O P A
A T N B M S A L F I E R H T
U O L L Y T N E L T T U H S
T R T T L O E V Y E B O R P
S Y I E D S T O R B I T E R
A U K S M B M R L A N H U B
E Z S D I O R E T S A V Y I
D L O N P A C O P W E M R P
```

APOLLO	LANDER	ROVER
ASTEROID	MOON	SATELLITE
ASTRONAUT	NASA	SHUTTLE
CAPSULE	OBSERVATORY	SOYUZ
COMET	ORBITER	STATION
FLYBY	PLANET	TELESCOPE
HUBBLE	PROBE	

Puzzle 123: Santa's Reindeer

```
    G I S L E O S N C
    D A N T L O L O M
    A M D A S H E R A
    S T O R R A C I G
    X E N S L E I G H
L T O D A N V N R S R U D T
D G I C O M O E E Z U C P H
L D P R A N T R L F D B V P
O M A G C O M E T O O V Y S
B L I T Z E N C N H L Y E H
H C A R R E C N A R P I L S
N E V I X P R A G S H O V Y
F O L I T R U D I P U C L E
S E V O O H S A B I D F G E
```

ANTLERS	DASHER	NORTH POLE
BLITZEN	DONNER	OLIVE
CARROTS	FLY	PRANCER
COMET	HOOVES	RUDOLPH
CUPID	MAGIC	SLEIGH
DANCER	MOSS	VIXEN

Puzzle 124: Major Inventions

```
E P R I N T I N G C K V L X
L R E F R I G E R A T O R P
E A T S V W A C O M P A S S
C I U L B H M T W A Y L C T
T L P O T E N R E T N I A E
R W M O C E S I A N T G M E
I A O T E L E P H O N E E L
C Y C K B W F R I W A L R P
I T L I G H T B U L B E A C
T I O O T C I L P
Y L C A M T E E V
A F K E N G I N E
W E N A L P N O T
X R A I N S T E R
```

ANTIBIOTICS	ENGINE	STEEL
CAMERA	INTERNET	TELEPHONE
CAR	LIGHT BULB	TOOLS
CLOCK	PLANE	TV
COMPASS	PRINTING	WHEEL
COMPUTER	RAILWAY	X-RAY
ELECTRICITY	REFRIGERATOR	

Puzzle 125: Bread

```
    A I C C A C O F
  T R G S P E T A R L
I M B A S U H R Y N N F
P C I A O O M K E L T A B U
Y R F O C D P U M N S D A K
D O F I S O E C O B N F G N
M I B S O U R D O U G H E A
T S A R B U N N L U D A L T
E S G O M P I N B Y S L P T
C A U P E H C O I R B O R A
A N E H O G K T T F E A D B
U T T U F D E A C C F A N A
R I T E H O L B R A L U D I
C D E D I A R B A G H E M C
```

BAGEL	CIABATTA	NAAN
BAGUETTE	COB	PITA
BATON	CORNBREAD	PUMPERNICKEL
BLOOMER	CROISSANT	RYE
BRAIDED	CRUMPET	SODA
BRIOCHE	FOCACCIA	SOURDOUGH
BUN	MUFFIN	

Puzzle 126: The Nightmare Before Christmas

```
W N D E B C H R I S T M A S
T R I L S I H T S T A H W K
F V O O O G I E B O O G I E
S C A Y L L K Z C I G N E L
K N S J A R R H O P G E D L
C C O P U M S A L L Y Z F I
A S O F N I K L E S E E I N
J F C H I L T L R K H J N G
B U L R S L O O R E Z A M T
        O A W A N T D Y O
        D T E B O O V S N
        G N E W C I D A L
        A A N I K P M U P
        R S J A T D E S O
```

BARREL	MAYOR	SHOCK
CHRISTMAS	OOGIE BOOGIE	SKELLINGTON
HALLOWEEN	PUMPKIN	TOWNS
JACK	RAG DOLL	WHAT'S THIS
KING	SALLY	ZERO
LOCK	SANTA	

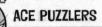

Puzzle 127: Famous Explorers

```
S N L L A N E S D N U M A O
R I B N B A T T U T A F R S
G E U O A M A G A D E D M U
C O R T E S R A S T T I S B
O O T E D B G P E L S N T M
L C O L E N A V N B U D R U
I B N K M A G S N P O L O L
F S A C A G A W E A C Y N O
B R G A G A R E I L M A G C
D L F H E M I P F
E N I S L B N O R
N E L L I E B L Y
M E Y R A L L I H
M A G E L L A N A
```

AMUNDSEN	COUSTEAU	IBN BATTUTA
ARMSTRONG	DA GAMA	MAGELLAN
BURTON	DRAKE	NELLIE BLY
COLUMBUS	FIENNES	POLO
COOK	GAGARIN	SACAGAWEA
CORTÉS	HILLARY	SHACKLETON

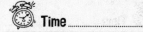 
Puzzle 128: Dance Styles

```
S F P T A N Z J I W N O S X
L A D B O L L Y W O O D A P
T R M I G B A L L E T H M S
O U Q B N F Z A Y L S C O X
R P E N A S Z J L K E I G Q
T A N W R       M L B N U
X W D U S       B R E A K
O K I V E       R A C T H
F R S S L       C H K W O
E U C K T Z Z A J A C N I O
V M O P E T S K C I U Q J W
B M X N L L Y H L D V G A P
T W I G D A A B M O D E R N
S L J O O W P G E K F O J T
```

BALLET	FOLK	RUMBA
BELLY	FOXTROT	SAMBA
BOLLYWOOD	JAZZ	TANGO
BREAK	JIVE	TAP
CHA CHA	LINE	TWIST
CHARLESTON	MODERN	WALTZ
DISCO	QUICKSTEP	

Puzzle 129: Biscuits

```
I T T O C S I B T
D C O O K I E J A
C H O C O L A T E
U F R A J M A W N
S K W R V S M E I
T H O A T T B U T L O M W D
A F R M F L O O N H S A E I
R R R E E E S E E H C C L G
D E A L R C R E R G I I N E
C G T B O U R B O N A C R S
R N T T I K S W L U E J A T
E I R R U S D K F D R A G I
A G A R I B A L D I C H O V
M A C A R O O N I G N U L E
```

ARROWROOT
BISCOTTI
BOURBON
BUTTER
CARAMEL
CHEESE
CHOCOLATE

COOKIE
CUSTARD CREAM
DIGESTIVE
FLORENTINE
GARIBALDI
GINGER
ICED

JAM
MACAROON
OAT
RICH TEA
RUSK
WAFER

Puzzle 130: Geology

```
      F A U L T V S D T
      O H N F M E Y I P
      S R E T A R C D H
      S Q A B V L O S S
      I U S K E M G C E
R E Y A L L A R E N I M O K
S R G R A N I T E C T V N A
E U L V M B G M U E R O C U
L P A O G R E B E C I U P Q
H T C L A G Q I S S F G S H
F I I C M V U P O L T I M T
K O E A L Y A R A C V O L R
I N R N G W E L D V M C N A
P F T O C K U S E L N K M E
```

CORE	FOSSIL	LIMESTONE
CRATER	GEM	MAGMA
CRUST	GLACIER	MINERAL
EARTHQUAKE	GRANITE	RIFT
EROSION	ICEBERG	ROCK
ERUPTION	LAVA	VOLCANO
FAULT	LAYER	

Puzzle 131: "White Christmas" Lyrics

```
C T U S S H I N O W C A D Y
B H R L N E R D L I H C E P
M R R E I O N R G G R I H C
W H I I E S W O N L W S T N
R C H G S T T O K I L D R E
T A W H H T O E N T E R T P
G R M B E T M P N K H I U S
G A S E R A M A S N R N I D
Y L L L R W R Y S W C F T E
S C I L I R M S L
B H A S N K Y A E
H W I R T A E K L
R D T O D E S U M
D R E A M I N G Y
```

BRIGHT	HEAR	SLEIGH BELLS
CARD	KNOW	SNOW
CHILDREN	LIKE	TREETOPS
CHRISTMAS	LISTEN	USED
DAYS	MAY	WHITE
DREAMING	MERRY	WRITE
GLISTEN	ONES	

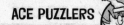

Puzzle 132: Jobs

```
L A S I N U R P O D H T P D
A I N V E N T O R O T C O D
W R I T E R N U R S E H L F
Y L N G M T S I T R A R I O
E L T N O O F I U B C E C O
R E S S E R D R I A H D E T
D B M A C T O R O V E L O B
C S R E T H G I F E R I F A
F Y N V C L E A N E R U F L
        H A F O W E B I L
        B A K E R G A C E
        V E N G I N E E R
        M Y O I N I S R D
        L W F A C S S L C
```

ACTOR	ENGINEER	NURSE
ARTIST	FIRE FIGHTER	POLICE OFFICER
BAKER	FOOTBALLER	SINGER
BUILDER	HAIRDRESSER	TEACHER
CHEF	INVENTOR	VET
CLEANER	LAWYER	WRITER
DOCTOR	MECHANIC	

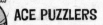
Puzzle 133: Countries

```
J W T N G H K C F L N N C R
R A A H E E I N E R A A U E
L R A U A X R N O P A T R L
I I K J E I I M A R A N I F
        W L J A I W Z C Z
        I B A L N A A I E
        F N A N R Y A Y G
        D R I B D M O H Y
        T N M A M P A P P
S Y T C S I U A E U I W N T
A P L U H I N R L X K Z A Y
A U A A J I C D K E I R I I
S R S I T A N E I E C C B L
I U F T N I P A L A Y I O W
```

AUSTRALIA	ICELAND	SPAIN
BRAZIL	INDIA	THAILAND
CHINA	IRAN	TURKEY
EGYPT	ITALY	UK
FIJI	JAPAN	USA
FRANCE	MEXICO	ZIMBABWE
GERMANY	NORWAY	

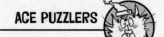
Puzzle 134: Laughing

```
G U F K O R T S O U T D A L
U R E L K C U H C R E S N M
F A L L A B O U T L E T Y W
F S U S T E E C O S M I N P
A T M N F R J T W H G I G F
W I D I A G O H A R C N S G
C K A G L S E H C I T S N I
G I G G L E F K C E E T H G
R N S E G S N I C K E R A E
P S N R              H O W L
U O I N O          A E P H K
S N O R T A        H E E U O C
E N S H L C R A C K U P W A
G B R O W L P U E S A E R C
```

CACKLE	GRIN	SMILE
CHORTLE	GUFFAW	SNICKER
CHUCKLE	HA HA	SNIGGER
CRACK UP	HOWL	SNORT
CREASE UP	IN STITCHES	TEE HEE
FALL ABOUT	ROAR	WHOOP
GIGGLE	SHRIEK	

Puzzle 135: "Hark! The Herald Angels Sing" Lyrics

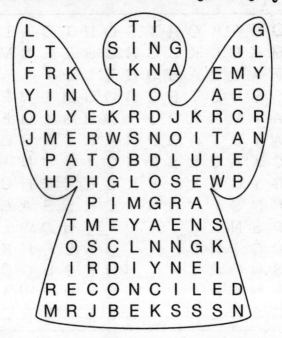

ANGELS   JOYFUL   RECONCILED
EARTH   KING   RISE
GLORY   MERCY   SING
GOD   MILD   SINNERS
HARK   NATIONS   SKIES
HERALD   NEWBORN   TRIUMPH
JOIN   PEACE

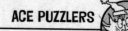

Puzzle 136: Candles

```
T C A N D L E S T I C K U L
R E S V E G S N H R P D F X
T B N A T O B U G E L I A Y
P A V S N D L F I P I W R A
S M Y M E I G F L A M E P D
V E E O C F L O A T I N G H
O N S L S D W U E F F L O T
T W X M T R I T T V O P D R
I C O A A X E N L W P F F I
V K E L D           I S T B
E H L I B           L C U A
D I F U Y           B E K O
P P R M G           D I V W
O N B L S           E T Y A
```

BIRTHDAY	GLOW	SOY
BLOW	HEAT	TAPER
BURN	MELT	TEALIGHT
CANDLESTICK	PILLAR	VOTIVE
DRIP	SCENTED	WAX
FLAME	SMOKE	WICK
FLOATING	SNUFF OUT	

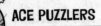

Puzzle 137: Famous Kings

```
O L D     R S I P     Q O P
R O B E R T T H E B R U C E
I U B A R T D N T K I C S T
C I S R L F R I G H C E K E
H S A T U T L D L O R A H R
A Q L H N A H A J H A H S T
R U S U Q U O L O D S A T H
D A E R E D N A X E L A O E
F T C N A H K S I H G N E G
I O N X R O B A W G H E X R
R R E C H A R L E M A G N E
S Z W S O L O M O N F N T A
T E A N U M A H K N A T U T
H E N R Y E I G T H E R O D
```

ALEXANDER	HAROLD	ROBERT THE BRUCE
ALFRED	HENRY EIGHTH	SALADIN
ARTHUR	HEROD	SHAH JAHAN
ASHOKA	LOUIS QUATORZE	SOLOMON
CHARLEMAGNE	PETER THE GREAT	TUTANKHAMUN
GENGHIS KHAN	RICHARD FIRST	WENCESLAS

Puzzle 138: Famous Queens

```
T A M   O D I D   A I C
A M A R I A T H E R E S A S
E L I Z A B E T H F I R S T
R E R J N E G R E Y Z E J O
G B O O N H N E L M A R A C
E E T S E S M R E N J Z N S
N Z C E B F A E N E V A E F
I E I P O O R V O F I B G O
R J V H L N Y E F E N O R Y
E G U I E E F N T R E U E R
H J A N Y E I I R T H D Y A
T Q U E N U R U O I D I D M
A N N I A Q S G Y T Z C A T
C L E O P A T R A I N A R B
```

ANNE BOLEYN
BOUDICA
CATHERINE GREAT
CLEOPATRA
DIDO
ELIZABETH FIRST

GUINEVERE
HELEN OF TROY
JANE GREY
JEZEBEL
JOSEPHINE
MARIA THERESA

MARY FIRST
MARY OF SCOTS
NEFERTITI
QUEEN OF SHEBA
RANIA
VICTORIA

 **ACE PUZZLERS**

 Time ....

Puzzle 139: Christmas in China

```
K R A P T N E M E S U M A P
A E E R T C I T S A L P L A
R W         C H A P P E R P
A O         E R N L C P A E
O L         S H E G A R N R
K F         K A I R R T R C
E E A R K J A F T L D S E H
I C H A R I T Y W O R K T A
V S H O P P I N G W I A N I
O A L A V I N R A C C R A N
M P W J I N G L E B E L L S
P P E R F O R M A N C E A H
L A R G L V E U R T A B N O
L E B E T N A R U A T S E R
```

AMUSEMENT PARK	GIFT	PAPER CHAINS
APPLE	ICE SKATING	PARTY
CARD	JINGLE BELLS	PERFORMANCE
CARNIVAL	KARAOKE	PLASTIC TREE
CHARITY WORK	LANTERN	RESTAURANT
FLOWER	MOVIE	SHOPPING

Puzzle 140: Prehistoric Beasts

```
T Y R A N N O S A U R U S I
P T E R O D A C T Y L U S R
R S U C O D O L P I D N U T
O P T H T N A C A L E O C H
T O D A E O D O N N O D E A
P T M E G A L O D O N O B D
A A N O D O L Y M L O N E R
R R O P       A E D A S O
I E D T       M H O U M S
C C O E       M C O G I A
O I L R       O R R I N U
L R I Y       T A T R M R
E T M X       H A D G I U
V U S S T E G O S A U R U S
```

ARCHAEOPTERYX
ARCHELON
COELACANTH
DAEODON
DIPLODOCUS
HADROSAURUS
IGUANODON

MAMMOTH
MEGALODON
MINMI
MYLODON
PTERODACTYLUS
SEBECUS
SMILODON

STEGOSAURUS
TRICERATOPS
TROODON
TYRANNOSAURUS
VELOCIRAPTOR

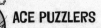

Puzzle 141: Rainy-Day Activities

```
S T E P P U P W O D A H S C
A H P E H C R G N I K A B O
R O T R O F T E K N A L B L
C R A F T S U S E R O H C O
I I K O O B P A R C S S A U
S G C R A P T E K Y T S Z R
U A D M L A H S T S B U Z I
M M I A B O A R D G A M E N
E I S N U P A R E A D I N G
H S C C M P A A L
B I O E A C K F Z
L D R E S S U P Z
A F T E A P B L U
I G N I T N I A P
```

BAKING	CRAFTS	PHOTO ALBUM
BLANKET FORT	DISCO	PUZZLE
BLOCKS	DRESS UP	READING
BOARD GAME	MUSIC	SCRAP BOOK
CARDS	ORIGAMI	SHADOW PUPPETS
CHORES	PAINTING	TEA PARTY
COLOURING	PERFORMANCE	

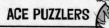

Puzzle 142: Famous Buildings

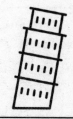

```
E B I G B E N F A
M U E S S O L O C
A L F O H O U R R
D A F P T A J B O
E R V U O L R I P
H T O P E R A H O U S E D O
T G R E A T P Y R A M I D L
A H R E W O T L E F F I E I
J E K N O N E H T R A P N S
M R B U R J A L A R A B C P
A K I H A G I A S O P H I A
H I E S U O H E T I H W T R
A N E U Q S O M E U L B Y U
L E A N I N G T O W E R L B
```

ACROPOLIS
BIG BEN
BLUE MOSQUE
BURJ AL ARAB
COLOSSEUM
EIFFEL TOWER

FORBIDDEN CITY
GHERKIN
GREAT PYRAMID
HAGIA SOPHIA
LEANING TOWER
LOUVRE

NOTRE DAME
OPERA HOUSE
PARTHENON
SHARD
TAJ MAHAL
WHITE HOUSE

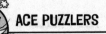 

Puzzle 143: Positive Words

```
G N I Z A M A N T
N R G O N D I Z I
I T E R R I F I C
H B G A A I C R R
S R O E T N R E E
I E O W O N D E R F U L D T
N P D E L B I D E R C N I S
O U T S T A N D I N G L D U
T S U O D N E P U T S P N O
S U M A R V E L L O U S E L
A P R E M A R K A B L E L U
T N E L L E C X E W A W P B
M A G N I F I C E N T O S A
S P X E R C I T S A T N A F
```

AMAZING	GREAT	SPLENDID
ASTONISHING	INCREDIBLE	STUPENDOUS
EXCELLENT	MAGNIFICENT	SUPERB
FABULOUS	MARVELLOUS	TERRIFIC
FANTASTIC	NICE	WONDERFUL
GOOD	OUTSTANDING	
GRAND	REMARKABLE	

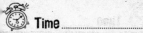 

Puzzle 144: Extreme Weather

```
H E R I F D L I W E D I C E
A V A L A N C H E N B G Y L
I A E D I L S D N A L N C T
L W P U D R M C Y C I I L H
S T H G U O R D H I Z N O U
T A V R O T O I A R Z T N N
O E D I R F T L I R A H E D
R H U R M I S T F U R G I E
M R O N S R E Y I H D I F R
          D C P V L F L T S
          W I H E A V U H T
          O T O R N A D O O
          N D O W N P O U R
          S A N D S T O R M
```

AVALANCHE	HAILSTORM	SANDSTORM
BLIZZARD	HEAT WAVE	SNOWDRIFT
CYCLONE	HURRICANE	THUNDERSTORM
DOWNPOUR	ICE STORM	TORNADO
DROUGHT	LANDSLIDE	TYPHOON
FLOOD	LIGHTNING	WILDFIRE

Puzzle 145: Rivers

```
S E G N A G C E Z T G N A Y
U E Z I C V B N A R R L U E
D A M A Z O N W M E Z K S L
I M Y A R R U M E S O Y A L
P B U S H T D I K N S U V O
P Y K N I H Z S G U F G O W
I A T E N A R E D O T G M C
S N I L E M F N L V W P C O
S I S N G E I L A N O C O L
I G I N D S I H R O L L N O
S E P               R G R
S R P               T O A
I Z E B M A Z T E B U N A D
M E K O N G A O R I N O C O
```

AMAZON	MISSISSIPPI	THAMES
COLORADO	MURRAY	VOLGA
CONGO	NIGER	YANGTZE
DANUBE	NILE	YELLOW
GANGES	ORINOCO	YUKON
INDUS	RHINE	ZAMBEZI
MEKONG	SEINE	

Puzzle 146: Football

```
T D R A S O L E E R E F E R
K L G O S U B S T I T U T E
I C M G O A P M A N E N W G
C O I F R E Y A L P B O O A
I R D K C A T T A S A A F N
R E F I         L S F A
L E I T         B U S M
I P E A         D B I A
N A L I C D E C N E F E D T
E P D T T A S S K I H G E C
S K I P P E R O K T C R O H
M I D T A F O D E F O F F C
A T T U C B A E D C A R U I
N C E T C H L F S U B O O D
```

ATTACK	KICK	PITCH
BOOKED	LINESMAN	PLAYER
CARD	MANAGER	REFEREE
CROSS	MATCH	SCORE
DEFENCE	MIDFIELD	SKIPPER
FOUL	OFFSIDE	SUBSTITUTE
GOAL	PASS	

Puzzle 147: The Elves and the Shoemaker

```
C L O T H E S U N
C U S T O M E R S
B I T G A F O H H
C C I N R O H R O
Y U T I P N S W E
I S C N H Y V A M O N E Y S
F H H R R E H T A E L A D T
I C L O L F I N K V G D B I
N L M M E O O K E W V F I D
I S O D A C V S R E M M A H
S K R C V G T K E E L V H U
H O K G P V D H F W A T G L
E V E N I N G I A S H V N M
D E H C T A W Y I S O P B C
```

CLOTHES	HID	SHOEMAKER
CUSTOMERS	LEATHER	SHOES
CUT	MONEY	STITCH
ELVES	MORNING	WATCHED
EVENING	POOR	WIFE
FINISHED	RICH	
HAMMER	SEW	

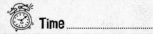

Puzzle 148: Waterfalls

```
T R E S H E R M A N A S O Y
N E S S O F L E J K L I T N
A S W H R F B E B L E G N A
G S A C S R D N L I G A I D
U O K A E E L I N E U L B W
L F J B S I Y A I V T P S K
Y L D N H T U G U L W C R V
O L E E O H J R N A O S Y I
S U T H E R L A N D L U V C
E G I C H U       I L C K T
M T A I G M       R A A J O
I S N E D I       B W U E R
T E V R O R       L S G R I
E N W O R B       U I I B A
```

ANGEL	IGUAÇU	SWALLOW
BLUE NILE	JOG	TRES HERMANAS
BRIDALVEIL	KJELFOSSEN	TUGELA
BROWNE	NIAGRA	VICTORIA
DETIAN	REICHENBACH	YOSEMITE
GULLFOSS	RHINE	
HORSESHOE	SUTHERLAND	

Puzzle 149: Unicorns

```
          F O R A L E G J L
          H E A C I G T B S
          S W I L A R B I T
          P G E N D R O H T
          A L D G E L K W E
O S P A M R I E L N F N E N
F G A U E K A E T O M F R D
I T G A R L G I R I B O H R
Y N D E S E A E N R H R E E
P L E G N T S R R B E W H T
S O V D G T P O I A O O M T
T K L W I D L H U P R W A I
H I T T M A N E M S S I E L
W V L E G A M H E A L I N G
```

FOREST	MAGIC	SPARKLE
GENTLE	MAIDEN	SPIRAL
GLITTER	MANE	TAIL
HEALING	POWER	WHITE
HORN	PURE	WILD
HORSE	RAINBOW	
LEGEND	RARE	

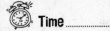 
Puzzle 150: Musicals

```
H S E L B A R E S I M S E L
C S J E Y A R P S R I A H I
L I R S O L I V E R S M M O
A Q E U N E V A H E S O A N
D J V O P Q R A C D S H M K
L E L R             A A M I
I R K A             I L A N
T S E C             G K M G
A E S N I K B G L I O O I W
M Y S O T W M A M J N T A Y
I B Y T E R A B A C P N H H
T O P H A T I V E S N K A N
O Y D W I C A B M I S C S U
R S F S A H C Q E U V M O K
```

ANNIE	HAIRSPRAY	OKLAHOMA
AVENUE Q	JERSEY BOYS	OLIVER
CABARET	LES MISÉRABLES	ONCE
CAROUSEL	LION KING	RENT
CATS	MAMMA MIA	TOP HAT
CHESS	MATILDA	WICKED
EVITA	MISS SAIGON	

Puzzle 151: Christmas in Finland

```
C A S S E R O L E D E W S C
H C R U H C H L K U M E K H
R I C E P O R R I D G E D R
I P L U Y G O K P A L V T R
S S A U R P S A L
T A O G E L U Y U
M L S I T A F J G
A T N R E T N A L
S F N O M L A S A
L I I R E W S T P O R H C P
A S G H C R O P L U M J A M
N H L I J A N U A S L E S D
D A E R B R E G N I G B N L
S L E I G H R I D E T A K S
```

CASSEROLE	LAPLAND	SAUNA
CEMETERY	PLUM JAM	SKATE
CHRISTMAS LAND	PORK	SKI
CHURCH	RICE PORRIDGE	SLEIGH RIDE
GINGERBREAD	SALMON	SWEDE
LANTERN	SALT FISH	YULE GOAT

Puzzle 152: Ghosts

```
F L Y I N G D U T C H M A N
W H D M S O U L O T C E P A
Y R A M Y D O O L B T L P M
D E L U Q O M A S R I L A O
A K E F N S U N T E W I R T
L I T M U T E Q P P L V I P
Y H I O W H I A N S L R T L
E H H T R O O D N A E E I A
R C W N A         C B T O S
G T R A I         A E N N P
E I A H T         N P A T I
I H H P H         A N C H R
C H R I S T M A S P A S T I
G A H P O L T E R G E I S T
```

APPARITION	CHRISTMAS PAST	POLTERGEIST
BANQUO	FLYING DUTCHMAN	SEANCE
BELL WITCH	GREY LADY	SOUL
BLOODY MARY	HAUNT	SPIRIT
CANTERVILLE	HITCHHIKER	WHITE LADY
CASPER	PHANTOM	WRAITH

Puzzle 153: Famous Leaders

```
K E N N E D Y E L T S I N O
O C R O O S E V E L T I H P
M E R K E L C A S L C H U M
J C D A W A M A B O L D K Z
O A Y W M U S S O L I N I E
L S P A Z S R E H C T A H T
S T Z T R S I Y J K O G O L
U R M E T L T B G Z E D C L
N O T G N I H S A W R O H E
      N P A D A M S I W
      N A L E D N A M M
      J O K H A N S I O
      C L I N C O L N R
      L L I H C R U H C
```

ADAMS	KENNEDY	PITT
BISMARCK	KHAN	ROOSEVELT
CASTRO	LINCOLN	THATCHER
CHURCHILL	MANDELA	WASHINGTON
CROMWELL	MERKEL	YELTSIN
GANDHI	MUSSOLINI	ZUMA
HO CHI MINH	OBAMA	

Puzzle 154: Fairground

```
A T E A C U P S P
S A K C A C E E L
R R C A N O G E A
O E L R D C N B H
R H E O Y O C T O
R T E U F N R H O A T T H R
I T H S L U L O N Z T E R O
M A W E O T N O G L P S W D
F L G L S S I K R A T K A E
O P I H S E T A R I P E L O
L S B O A D O D G E M S T B
L L F U N H O U S E W H Z U
A L P O O H A C T U N N E L
H E L T E R S K E L T E R L
```

BIG WHEEL	FUN HOUSE	RODEO BULL
BOATS	HALL OF MIRRORS	SPLAT THE RAT
CANDY FLOSS	HELTER SKELTER	TEACUPS
CAROUSEL	HOOK A DUCK	TUNNEL
COCONUTS	HOOPLA	WALTZER
DODGEMS	PIRATE SHIP	

Puzzle 155: Transport

```
H E L I C O P T E R D F H Y
O J E S A H B I K G K M R I
T S C A O O H B I C Y C L E
A B O N A V T A B A R G E S
I L A T F A R C R E V O H L
R I C K S H A W O T R I E L
B A H D M N I K T O P D L A
A U C J O K N C O A K D U P
L F S E T C I B M D L S F C
L P L S J U L A W
O L V D P R R C E
O A N J E T S K I
N N G R S L H O L
J E V B D I S A T
```

BARGE	HELICOPTER	SHIP
BICYCLE	HOT AIR BALLOON	SLED
BOAT	HOVERCRAFT	TRAIN
BUS	JETSKI	TRAM
CANOE	MOTORBIKE	TRUCK
CAR	PLANE	VAN
COACH	RICKSHAW	

Puzzle 156: Ice-Cream Flavours

```
M N H T        S A L U E
U I O U        S T R G T
G S N T        O B D R A
E I E T        L U A A L
L A Y I        F T O S O
B R C F R Y V N E Y T R P C
B M O R P R A L I D E Y B O
U U M U I R N T K N R K E H
B R B T M E I R O A S C R C
S T U T E H L F O C C O R O
A T E I V C L L C H O R Y O
A L E M A R A C D E T L A S
O H C A N P I S T A C H I O
S T R A W B E R R Y H O N T
```

BUBBLEGUM	FUDGE	RUM RAISIN
BUTTERSCOTCH	HONEYCOMB	SALTED CARAMEL
CANDYFLOSS	MINT	STRAWBERRY
CHERRY	PISTACHIO	TUTTI FRUTTI
CHOCOLATE	RASPBERRY	VANILLA
COOKIE	ROCKY ROAD	

Puzzle 157: Celebrations

```
H A N U K K A H D O C A R L
B O N F I R E N I G H T H D
V A L E N T I N E S R Y N D
C H R I S T M A S B E A E A
        H Y G N I D D E W
        B O J W E N S B O
        N E W Y E A R I L
        K K A B O L E R A
        D E W G J F H T V
G N I V I G S K N A H T H I
N E E W O L L A H T M O D N
Y R A S R E V I N N A M A R
S L B A B Y S H O W E R Y A
I N D E P E N D E N C E N C
```

ANNIVERSARY	DIWALI	MOTHER'S DAY
BABY SHOWER	EID	NEW JOB
BIRTHDAY	HALLOWEEN	NEW YEAR
BONFIRE NIGHT	HANUKKAH	THANKSGIVING
CARNIVAL	HOLI	VALENTINE'S
CHRISTMAS	INDEPENDENCE	WEDDING

Puzzle 158: Christianity at Christmas

```
        T W S I L D
        B R R E N A
        S A I P N R
        T O B H A G
L T R S N M A Y T I R A H C
E L D N A C H D I O P S N A
H Y U N E P W L V J D R G R
S T G A G Y R L I E G T B O
J E R W A R E A T S N I V L
L E P I P H A N Y G B T A S
        B Y T C M L
        A M H A E Y
        B N S N L M
        C S U S E J
```

ADVENT	CAROLS	MASS
ANGEL	CHARITY	NATIVITY
BABY	EPIPHANY	PAGEANT
BIBLE	GRACE	PRAY
BIRTH	HYMNS	STAR
CANDLE	JESUS	WREATH

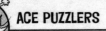

Puzzle 159: Happy New Year

```
P A R A D E G H T
C A N N O N Y G S
O U R E C S H L I
U L J T H L S O N
N D S F I L D I G
T L N G M E I B K M I D L S
D A N C E B S A P P A R C K
O N R E S O L U T I O N S R
W G O H J W C L S F B I Y O
N S R E P P O P Y T R A P W
D Y T R A P U N C B E K L E
A N M I D N I G H T S O M R
N E B G I B T K I Y R C H I
S J G N I T O O F T S R I F
```

AULD LANG SYNE	DANCE	MIDNIGHT
BELLS	DJ	PARADE
BIG BEN	FIREWORKS	PARTIES
CANNON	FIRST FOOTING	PARTY POPPERS
CHIMES	HOGMANY	RESOLUTION
COUNTDOWN	KISS	SING

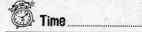
Puzzle 160: New Year Resolutions

```
Y M W R E X E R C I S E Y G
E A T H E A L T H I E R G E
N K A J X I P O B G D O J G
O E D M O N B G K W J M F A
M F H Y L B Y D I N P O S U
E R S C Y M A K U V R D L G
V I Y I B A T W H T E A E N
A E B L D L H A Z S C U E A
S N B S K A L T A K E U P L
E D T H K N E H N
M S A V R I X R F
T L S E A O L N B
C M Y U H J S L P
C U T D O W N V N
```

CUT DOWN   HOBBY   READ
DO MORE   JOB   SAVE MONEY
EAT HEALTHIER   JOG   SKILL
EXERCISE   LANGUAGE   SLEEP
GIVE UP   LEARN   TAKE UP
GYM   MAKE FRIENDS

All The
Answers

Beginners

1

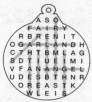

```
      A S O
    F A I R Y
  R B R E N I T
O G A R L A N D H
C T H T B M L A G
S D T I U E I M I
V F A N A N G E L
U D E S B T H N R
  O R E A S T K
    W L E I S
```

2

```
M A G R E L B V
W O R K S H O P
I D E W L A O C
R B E G L P T L
H O N R E H S T
H A T S B A N O
C I G A M F R Y
Y B R E L V E S
```

3

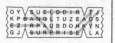

```
O Y   S U E L D D I R   T J
K P B A N G L T U Z E R O S
E Z I R P A U B D O H K Y N
G J   S U R P R I S E   L A
```

4

```
H N E W Y E A R
B O E M E R R Y
P E L C O M H W
E Y S I A G A I
S Y C T D E P S
L O V E H A P H
K J O V T U Y E
R P N O S A E S
```

5

```
D A F F O D I L
S U C O R C T S
P F U S C H I A
A C O K H R M P
N P A S I E R I
S N A L D C O L
Y L I L I R S U
U N V I O L E T
```

6

```
B A T N I S O K
S H E T L A N D
J A N R A C S N
E W E I B I Z A
R A R E J A H L
S I I I D M A E
E I F K O A W C
Y L E R E J S I
```

7

```
D B R A N C H E
E F E L S G N C
C K A T M I E U
O E N K P F E R
R G I R E K D P
A T P W I A L S
T S E R O F E L
E D G I F T S N
```

8

```
G L O D R I M T
S F T B T U C H
C P A S K A T E
A G O E N I H R
R R C V L O S M
F B O O T S W A
H A I L N O D L
W B E G D E L S
```

9

```
K H I P A B U S
R O C I S E L H
A L E C W A P O
P I C N I C A R
L E R S M H O T
O H E N C N U S
K Y A D I L O H
R F M T A N C B
```

10

```
N E W D E L H I
I E M O R O N S
L O S C Y N E I
R A E K F D W R
E F O L S O Y A
B T U L Y N O P
N P L C A I R O
S Y D N E Y K A
```

11

```
P A N E E R E R
A E P A R U D A
R I C O T T A D
M R H G S E M D
E B E T O L F E
S S I W S U N H
A C R E A M D C
N O T L I T S A
```

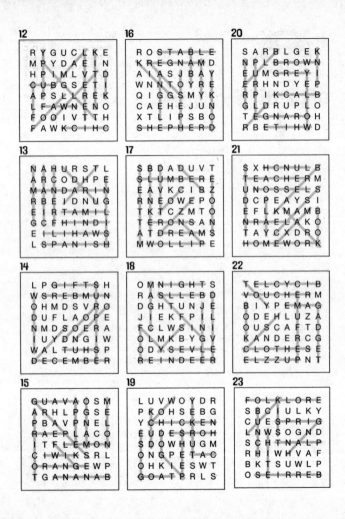

12

```
R Y G U C L K E
M P Y D A E I N
H P I M L V T D
C U B G S E T I
A P S L L R E K
L F A W N E N O
F O O I V T T H
F A W K C I H C
```

16

```
R O S T A B L E
K R E G N A M D
A I A S J B A Y
W N N T O Y R E
Q I G G S M Y K
C A E H E J U N
X T L I P S B O
S H E P H E R D
```

20

```
S A R B L G E K
N P L B R O W N
E U M G R E Y I
E R H N D Y E P
R P I K C A L B
G L D R U P L O
T E G N A R O H
R B E T I H W D
```

13

```
N A H U R S T L
A R C O D H P E
M A N D A R I N
R B E I D N U G
E I R T A M L
G C F H I N D I
E I L I H A W S
L S P A N I S H
```

17

```
S B D A D U V T
S L U M B E R E
E A V K C I B Z
R N E O W E P O
T K T C Z M T O
T E R O N S A N
A T D R E A M S
M W O L L I P E
```

21

```
S X H C N U L B
T E A C H E R M
U N O S S E L S
D C P E A Y S I
E F L K M A M B
N R A E L A K O
T A Y C X D R O
H O M E W O R K
```

14

```
L P G I F T S H
W S R E B M U N
O H M D S V R O
D U F L A O P E
N M D S O E R A
I U Y D N G I W
W A L T U H S P
D E C E M B E R
```

18

```
O M N I G H T S
R A S L L E B D
D G H T U N J E
J I E K F P I L
F C L W S I N I
O L M K B Y G V
O D Y S E V L E
R E I N D E E R
```

22

```
T E L C Y C I B
V O U C H E R M
B I Y P E M A G
O D E H L U Z A
O U S C A F T D
K A N D E R C G
C L O T H E S E
E L Z Z U P N T
```

15

```
G U A V A O S M
A R H L P G S E
P B A V P N E L
R A E P L A C O
I T F L E M O N
C I W I K S R L
O R A N G E W P
T G A N A N A B
```

19

```
L U V W O Y D R
P K O H S E B G
Y C H I C K E N
E U D E S R O H
S D O W H U G M
O N G P E T A C
O H K I E S W T
G O A T P R L S
```

23

```
F O L K L O R E
S B C I U L K Y
C U E S P R I G
L N W S O G N D
S C H T N A L P
R H I W H V A F
B K T S U W L P
O S E I R R E B
```

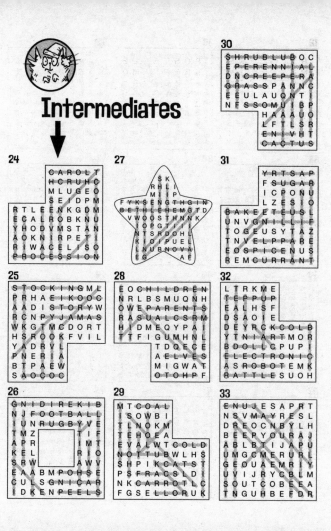

34

```
Y R M A P U D D L E
B A N I M A L R V W
R E B O O T S E I K
A F W       G Y B
N U O       D R E
C N P       U R N
H G D       L E O
G I R I W O N S B C
O S K C A R Y Y I H
C E V E R G R E E N
```

38

```
H A N G G L I D E R
E N O R D P N J T M
L A O J T A S G I E
I O L K B D E R L A
C K L B R A C O L I
O I A N B T C E R
P T B L U D J E T S
T E K C O R D N A H
E E N A L P A E S I
R E D L G A R A P A
```

42

```
E N I P L A
W O E H M I
N R P O E U
U D O F B L
R I L F G P M U J W
K C S P O L E E M O
C H A I R L I F T N
A I K S M O L A L S
L S C T E L G G O L
B L U E R U N C F T
```

35

```
D I C I N G B A G X
N E V O R G L O V E
A E O E M I Y R W A
T P X       A K L
S I L       W R U
M C N       Z A T
S E A       O C A
T R E L Z Z O N K P
B C A S E G X I T S
R O V A P S I E V E
```

39

```
        C O U S I N
        W G R N A N
        M N E R S F
        D O H E I A
N I E C E S T T S T
E L C N U M O H T H
P A M D N A R G E E
H U W I F E B U R R
E N S H U S B A N D
W T B G R A N D A D
```

43

```
L O O F I G G Y R B
D Y L E M A R A C L
P A N N A C O T T A
N T E U S E L R A N
E C R O G Y E P C
S A G O B N P A I M
      F O O C O A
      S P L L C N
      O S Y E A G
      T O F F E E
```

36

```
H O L I D A Y I N N
O L H S G R I H N A
M U P P E T S C A T
E V L O S T O N M I
A C O L A Y G I W V
L H D A T F A R O I
O R U R L B E G N T
N G R E M L N S Y
E I V O M A T N A S
P F S C R O O G E L
```

40

```
T E L A H Y
I D H G L B
M I E F S E
E W A E L W
T E L E P A T H Y S
R A E P P A S I D E
A G I L I T Y E P N
V O W E A T H E R S
E Z I T O N P Y H E
L F H T G N E R T S
```

44

```
        B L A D E S
        U T H X G R
        K I O S E F
        S L P V P L
R L J U M P O A I N
I U A X E S I F K P
K N R S R J N H N
F G N O I T A T O R
T E R H M P L B J U
B C V O L O S V A T
```

37

```
C O U R G E T T E P
A M O T A T O P N E
R E G A B B A C I P
R T P E R M L I G P
O T A M O T K E R E
T O C U C U M B E R
          C O A P B K
          O L R G U I
          L R K U A M
          I N O I N O
```

41

```
N F A P E E H S T R
H O L A M B S U G D
E K T S A P M O R E
R O C T E N D K A Y
D R A U G C S Z W
Y E Z R E O K N E B
P A F E L O
Z M H F O V
E S T R A W
N K C R O F
```

45

```
W R A C K E T O I D
H O P S C O T C H I
C L R M O P I K S C
D E Z D M O B I E
R P Z L P U Z Z L E
A L L P U S S E R D
O A C E T D
B Y H K E R
E D A C R A
L E S A H C
```

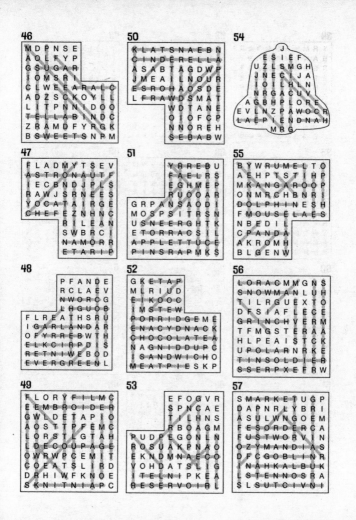

46

```
M D P N S E
A O L F Y P
G S U G A R
I O M S R
C L W E E A R A L C
A D Z S C K O Y L L
L I T P N N I D O O
T E L A B I N D C
Z R A M D F Y R G K
B S W E E T S N P M
```

50

```
K L A T S N A E B N
C I N D E R E L L A
A S A B T A G D W P
J M E A I L N O U R
E S R O H A O S D E
L F R A W D S M A T
W D T A N E
O I O F C P
N N O R E H
S E B A B W
```

54

```
      J
  E S I E F
U Z L S M G H
J N E C I J A
 I O I H L N
N R G A C U V
A G B H P L O R E
E V L N Z P A W O C R
L A E P I E N D N A H
      M R G
```

47

```
F L A D M Y T S E V
A S T R O N A U T F
I E C B N D J P L S
R A W J S R N E E S
Y O C A T A I R G E
C H E F E Z N H N C
R I L E A N
S W B R C I
N A M O R R
E T A R I P
```

51

```
Y R R E B U
F A E L R S
E G H M E P
R U O O A R
G R P A N S A O D I
M O S P S I T R S N
U S N E E R G H T K
E T O R R A C S I L
A P P L E T T U C E
P I N S R A P M K S
```

55

```
B Y W R U M E L T O
A E H P T S T I H P
M K A N G A R O O P
O N M R C H B N R I
D O L P H I N E S H
F M O U S E L A E S
N B E D I L
C P A N D A
A K R O M H
B L G E N W
```

48

```
P F A N D E
R C L A E V
N W O R C G
L H G U O B
F L R E A T H S R U
I G A R L A N D A R
O F Y R R E B W T H
E L K C I R P D I S
R E T N I W E B O D
E V E R G R E E N L
```

52

```
G K E T A P
M L R I U D
E I K O O C
I M S T E W
P O R R I D G E M E
E N A C Y D N A C K
C H O C O L A T E A
N A G N I D D U P C
I S A N D W I C H O
M E A T P I E S K P
```

56

```
L O R A C M M G N S
S N O W M A N L U H
T I L R G U E X T O
D F S I A F L E C E
G R I N C H V E R M
T F M G S T E R A A
H L P E A I S T C K
U P O L A R N R K E
T I N S O L D I E R
S S E R P X E F R W
```

49

```
F L O R Y F I L M C
E E M B R O I D E R
G W L D E T A P I O
A O S T T P F E M C
L O R S T L G T A H
L D E C O U P A G E
O W R W P C E M I T
C O E A T S L I R D
D R H I W F K N O E
S K N I T N I A P C
```

53

```
E F O G V R
S P N C A E
T I L H N S
R B O A G M
P U D P E G O N L N
R O S U A K P N A O
E K N D M N A E C O
V O H D A T S L I G
I T E N I P K E A
R E S E R V O I R L
```

57

```
S M A R K E T U G P
D A P N R L Y B R I
A S U L W N G O E M
F E S O R D E R E C
F U S T W O R V I N
O Z Y M A N D I A S
D F C G O B L I N R
N A H K A L B U K
L S T E N N O S R A
S L S U T C I V N I
```

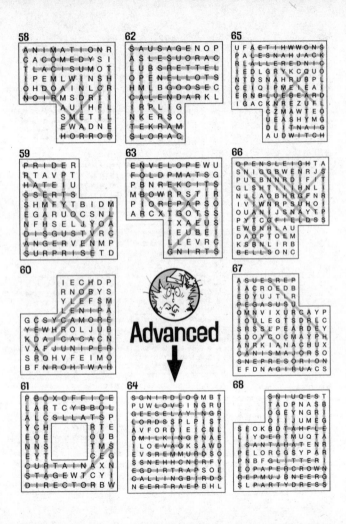

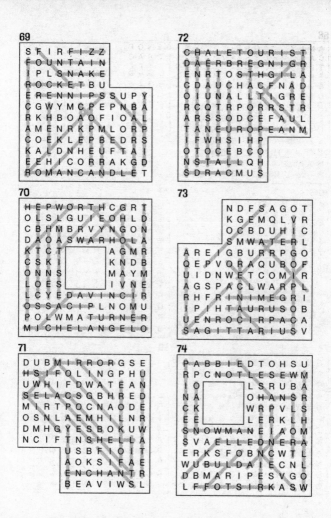

69

```
S F I R F I Z Z
F O U N T A I N
I P L S N A K E
R O C K E T B U
E R E N N I P S S U P Y
C G W Y M C P E P N B A
R K H B O A O F I O A L
A M E N R K P M L O R P
C O E K L E P B E D R S
K A L D N H E U F T A I
E E H I C O R R A K G D
R O M A N C A N D L E T
```

72

```
C H A L E T O U R I S T
D A E R B R E G N I G R
E N R T O S T H G I L A
C D A U C H A C F N A D
O I U N A L L T I G R E
R C Q T R P O R R S T R
A R S S O D C E F A U L
T A N E U R O P E A N M
I F W H S I H P
O T O C E B C O
N S T A L L Q H
S D R A C M U S
```

70

```
H E P W O R T H C G R T
O L S L G U I E O H L D
C B H M B R V Y N G O N
D A O A S W A R H O L A
K T C T         A G M R
C S K I         K N D B
O N N S         M A Y M
L O E S         I V N E
L C Y E D A V I N C I R
O S S A C I P L N O M U
P O L W M A T U R N E R
M I C H E L A N G E L O
```

73

```
N D F S A G O T
K G E M Q L V R
O C B D U H I C
S M W A T E R L
A R E I G B U R R P G O
Q E P V O R A Q U B O F
U I D N W E T C O M I R
A G S P A C L W A R P L
R H F R I N I M E G R I
I P I H T A U R U S O B
U E N R O C I R P A C A
S A G I T T A R I U S V
```

71

```
D U B M I R R O R G S E
H S I F O L I N G P H U
U W H I F D W A T E A N
S E L A C S G B H R E D
M I R T P O C N A O D E
O S N L A E M H I L N R
D M H G Y E S B O K U W
N C I F T N S H E L L A
    U S B F I O I T
    A O K S I F A E
    E N C H A N T R
    B E A V I W S L
```

74

```
P A B B I E D T O H S U
R P C N O T L E S E W M
I O         L S R U B A
N A         O H A N S R
C K         W R P V L S
E E         L E R K L H
S N O W M A N E I A O M
S V A E L L E D N E R A
E R K S F O B N C W T L
W U B U L D A I E C N L
D B M A R I P E S V G O
L F F O T S I R K A S W
```

75

```
B O R A I M T W
C R G D O T E I
K F T H O N E
S A H G S V D R
D E T H I E D L I H C
R N S E N T R U Y N E T
E O D B S U G H T F A N
H M D Y O T O P C E V A
P D L I M R E J E G E F
E O V A H A N O F E N N
H A S D C H E R A M L
S I L E N T C N O L Y S
```

78

```
B U Z Z C U T B S T I A
E U D R E A D L O C K S
E G N I R F A N O B L Y
I F K N E P M I R C N M
V A F R O W Z S D R O E
E L S T B O U F F A N T
Y I C P E R Q F T S G R
        I D L I V X I I
        X G A U Z M H C
        I L Y Q G E C A
        P O N Y T A I L
```

76

```
F R E L L I F B
L M V P A K R E
R A E V T N U O
N S A N I I
T A W O T T
E M M W T F
L T N E E I
P S O L D R
I I T F H E
E R T S O P D E B D
C H O C O L A T E Y M
E C C K H A N G O W A
N I O C A T N A S
E M S L H
```

79

```
B H I G H S T R E E T Y
T U O K C E H C Q U E S
R L S C W N G T S H K E
A N G Y S I I F L G R X
F O U D F L N H O X A O
F G R T D N E P S O M B
I A S R X O T Y L A D P
C Q M A K D A G L I C O
A R U W T I L L
D G H E Q K D R
P I L D U C Y V
S H O P P E R S
```

77

```
G Y N I A R T U H B F H
F A C E P A I N T I N G
O L M T D K P D C L M I
O P R E E D N I E R A E
D S Y V S A O F L S R L
R I S A N T A U V G K S
T D N     N E N E O
S T O     F S   T H
A H W     A M T R E
N G O     I O A I G
D I S W B L V R G K F N
O L E E H W G I B S A M
```

80

```
        B K D K C G E Y
        O A L L E A P F
        R H J M S B W N
        K C P I Z Z A M
R I G T S R U W T A R B
I S E L D O O N P K E A
J C S E Z I H S C A D G
A K C O U S C O U S W E
H U M M U S V C R S O L
B E L F F A W A R U H Z
D O N A A N U T Y O C I
C N W N O T G N I M A L
```

81

```
E R O L K L O F
T I U S H A Y L
C G A R D E N O
H O F E Y L F I
A W A N D O L N E L K T
N S I M R O O V A C I G
G T R N A T W I S H D T
E S Y C G S E S T L E O
L U L W D R I N G R O
I D A G R A U B U A O T
N V N A E O D L K I S H
G O D M O T H E R W B P
```

84

```
B L A C K R H E R B A L
D T S A F K A E R B G A
A T A M W C A M N O N I
R K F O G W H E E J O C
J A S M I N E A T U L H
E Y E I N R O O I B O S
E A R L G R E Y H L O A
L L D E C A F A W T Y J
I B U K T D O S
N O M E L N M S
G I N G E R I A
E L A H C T A M
```

82

```
R E T D C L W S I P O S
E N F E L G N A I R T B
D I L Y N M U A O E R D
R L K T G I N I E T I S
O O X O R O R L T O C A
C I S B P U P A U A B X
E V P I A A M T L D R O
R A T L N G D P F C A P
A U P R E L T H
G L V I U T I O
R H A R P M S N
O U K U L E L E
```

85

```
O S T H G I E Y Z A R C
B L A C K J A C K O E R
P A D Y W G         K I
E P H M D O         O B
C J T M A F         P B
N A P U L I         R A
S C N R M S D L F   E G
T K V A G H C P D W D E
R Y B F S C H G A J I K
A W H I S T E R M N P F
E C N E I T A P O K S W
H Y S O L I T A I R E J
```

83

```
M S L E S S A T
D A E R B E Y R
F U H A R M V I
L S R Y V O O C
L L A B T A E M G N H E
T U L I P G A W E G C P
A P R O C E S S I O N U
S G I N G E R B R E A D
L G C H E L N D F S W D
W A R T S Y T E L L P I
C H A N D E L I E R A N
H P I C M H E R R I N G
```

86

```
N T U Y E S R O H A E S
I E D O F J E C A P U W
H R B C R E K T M P H A
P L C R T S U I O A S J
L M O A K R R T L Y I E
O A N B T H C E S I F L
D A H L S O Y S T E R L
M P E W S T I N G R A Y
R E E L K O T F
B A A R R Y S I
J E N C R A N S
S H A R K O W H
```

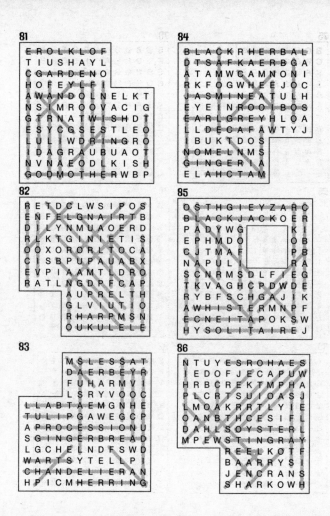

87

```
C H E E T A H O R
R Y R H I N I B
O H G Z G E P J
C P I O E Y P A
O E R N R H O C H Y S F
D W O I O I A K I F B L
I I G M Y K L A P N A E
L E O P A R D L Z E B C
E F F A R I G E A I O N
B A D L B U F F A L O I
S B K A E L E P H A N T
E L L E Z A G I R O N G
```

90

```
F T R U S A R C H E R Y
C I T E O K T A B D E H
Y E L O G P W T E K N V
C G N I E O N A C C F O
L N O W A L L O Y A L L
I I T S K O H F C R B L
N M N A I R T S E U Q E
G M I S U R F I N G U Y
N I M S A E L N G B E B
G W D R O W I N G Y N A
K S A T H U Q E Y R M L
L O B A S K E T B A L L
```

88

```
        G N I K C O T S
        A E C S Q U I D
        T P M A O R K C
        G A S L A Q I G
T A G U O N I O T U N O
I E T S A E F H S I F O
R F E S C T O C A W L D
B W K A H T P I P E R W
E U R M N O N N A C E I
L O A Y P N B T E S M T
L N M E N E C S B I R C
U T S K I I I N G O P K H
```

91

```
D P S Y E K C O H E C I
R C T P M U J I K S R B
A K D E E P S M K N O O
O C E G Y G O A H O S B
B O U F N L T R L W S S
W L M I A I J A G K C L
O A I L N N I L N I O E
N K S G O S G P I T U I
S N O W M O B I L I N G
S K E L E T O N R N T H
T B F I G U R E U G R D
J U M N O R D I C A Y G
```

89

```
T L O L L I P O P D M R
F I Z Z Y L E M A R A C
R Q D E I O B F O U H
B U B B L E G U M Z Y S
M O O H E G D I B I W G
O R F S J G N U A L E J
C I D G E T E B R E H S
Y C H O C O L A T E C M
E E F F O T T C
N W Q U O H N E
O S H E T A I Z
H W O L L A M N
```

92

```
S M E A F Y E L S R A P
E B C G E M T U N A T E
V A H F A E L Y A B H P
O F I R O S E M A R Y P
L P L D N G K S N O M E
C L L C O R I A N D E R
V E I P M L S E V I H C
R Y L D A O N A G E R O
N M O H N D C R
N I V C U M I N
I N O R F F A S
C I R E M U T M
```

93

```
B D G O L D E N H I N D
I M A B Y R O T C I V E
S A R K E E K I N P O T
K Y K C R A M S I B L S
R F R U D G U K O U E
A L O N O N E L M U S L
S O Y A V O G P E N I E
Y W A T A U F Y T T T C
T E L I E G B R O Y A Y
T R Y T D H E A P L N R
U E S A N T A M A R I A
C T F L E S O R Y R Y A M
```

96

```
        L A N I A R T D
        T B E F L A X K
        A C H E C K I N
        T I V P O S M W
C O A U L A N I M R E T
H R A I R F X A V T S I
E H N T Y R E I Y I A C
R C E Y C N E R R U C K
M A V P A S S P O R T E
I O A L R G B O P X I T
O C P A F E R R Y S U R
K O O B N O I T A T S A
```

94

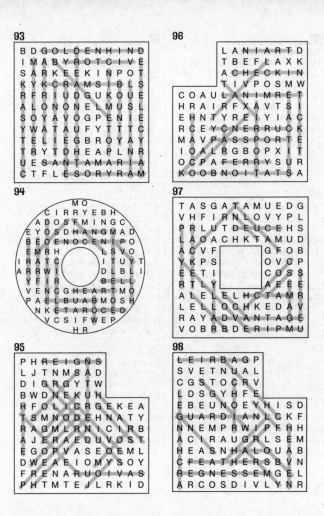

```
            M O
      C I R R Y E B H
    A D O S F M I N G C
  E Y O S D H A N G M A D
  B E O E N O C E N I P O
  E M R H         L S V O
I R A T C         I T U Y T
A R R W I         D L B L I
  Y F I R         B E L L
  V E N C G H E A R T M O
  P A E L B U A B M O S H
    N K E T A R O C E D
      V C S I F W E P
            H R
```

95

```
P H R E I G N S
L J T N M S A D
D I G R G Y T W
B W D N E K U H
H F O L I C R G E K E A
T S M N O D E H N A T Y
R A G M L R N I C I R B
A J E R A E D U V O S T
E G O P V A S E O E M L
D W E A E I O M Y S O Y
F R E N A R U O I V A S
P H T M T E J L R K I D
```

97

```
T A S G A T A M U E D G
V H F I R N L O V Y P L
P R L U T D E U C E H S
L A O A C H K T A M U D
A C V F         G F O B
Y K P S         O V C P
E E T I         C O S S
R T L Y         A E E E
A L E L E L H C T A M R
L E L L O C H K E D A V
R A Y A D V A N T A G E
V O B R B D E R I P M U
```

98

```
L E I R B A G P
S V E T N U A L
C G S T O C R V
L D S G Y H F E
E B E U N O E Y H I S D
G U A R D I A N L C K F
N N E M P R W I P F H H
A C I R A U G R L S E M
H E A S N H A L O U A B
C F E A T H E R S B V N
R E G N E S S E M G E L
A R C O S D I V L Y N R
```

99

```
D O N A L D S O N G C S
R G A I M A N E E M S N
S R D S C M S B O L A
E U H G A O W L K I E M
U P O D R K N Y L T W K
S R R U R E T T O P I C
S O W P O T O D T S S A
S M A I L L A W E L B L
        L H N O T Y L B
        L S E R V C L I
        A R O W L I N G
        S Y E N N I K L
```

102

```
E L R D W R E N C H P V
S Q U A R E N N A P S R
A M S         T O R C H
N E D         Q U L R A
D A H         G A N E M
E R           M Y E W M
R S I L C A P O S L D E
V N T L O B L S C I R R
L E V E I L O B Q R F I N
S R E I L P A U E W V M
C I P F C T Y H W N E L
N T A P E M E A S U R E
```

100

```
D F R B E T H L E H E M
L I T T L E M G S N T E
A R N H U G S D I S K R
R S E G N I C L A S C R
E T R I D F R N E W M I
H M K N W O T R D G A L
S A L S E C N E W O N Y
L N L I F Y C G H T W A
D I O L Y K O N
R D L E S R S A
K T I N L A G M
L B E T A H E R
```

103

```
E S I S B F B N
G K N E L F E T
D A U M I O R S
E R I A O E R T
L O T G H S Y A S A B C
S N E T T I M P C T O H
G A A C E N F P D F A U
R E B B U L B L F T K R
H T E E M R W E D G E C
E I K S L A E S P I W H
W H A L E S B C N U L R
H W C A R I B O U H O C
```

101

```
        S Y A D I L O H
        H D S O A F V I
        L E S Y E N O M
        E P E A C E A M
R T C L V M N T A G P O
Y A F E A C I W C L R
S L N F R K P C F W O T
H E A L T H P O W E R A
O N L S E G A U G N A L
L T D V M I H N B O V I
M R O W I S D O M A L T
S L M G T V B E A U T Y
```

104

```
D A C H S H U N D N X T
A P Y G L A B R A D O R
L H U X G O D L L U B O
R P O O D L E K M H I T
C H I H U A H U A C G T
T E R E V E I R T E R W
Y K S U H C U B I D O E
S H E E P D O G O F C I
        I V M L N X B L
        B E A G L E E E
        W T E R R I E R
        E S P A N I E L
```

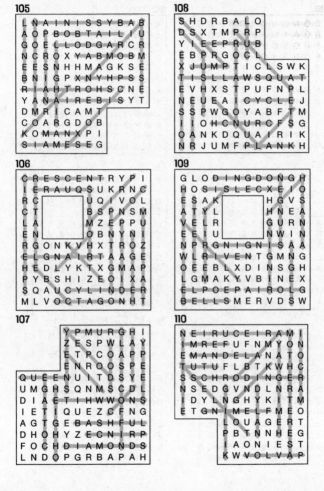

105

```
L N A I N I S S Y B A B
A O P B O B T A I L I U
G O E L L O D G A R C R
N C R O X Y A B M O B M
E E S N H H M A G K S E
B N I G P X N Y H P S S
R I A H T R O H S C N E
Y A N A I R E B I S Y T
D M R I C A M T
C O A R G D O B
K O M A N X P I
S I A M E S E G
```

108

```
S H D R B A L O
D S X T M R R P
Y I E E P R U B
E B P R G O C L
X J U M P T I C L S W K
T I S L L A W S Q U A T
E V H X S T P U F N P L
N E U E A I C Y C L E J
S S P W G O Y A B F T M
I I O H C N U R C F S G
O A N K D Q U A I R I K
N R J U M F P L A N K H
```

106

```
C R E S C E N T R Y P I
I E R A U Q S U K R N C
R C         U Q I V O L
C T         B S P N S M
L A         M Z E P P U
E N         O B N Y N I
R G O N K V H X T R O Z
E L G N A I R T A A G E
H E D L Y K T X G M A P
P Y B S H I Z E O I X A
S Q A U C Y L I N D E R
M L V O C T A G O N H T
```

109

```
G L O D I N G D O N G H
H O S I S L E C X E I O
E S A K       H G V S
A T Y L       H N E A
V E L R       G U R N
E E I U       N W I N
N P R G N I G N I S A A
W L R I V E N T G M N G
O E E B L X D I N S G H
L G M A K Y V B I N E X
E L P O E P A I R O L G
B E L L S M E R V D S W
```

107

```
        Y P M U R G H I
        Z E S P W L A Y
        E T P C O A P P
        E N R O O S P E
Q U E E N U I T D S Y E
U M G H S Q N M S C D L
D I A E T I H W W O N S
I E T I Q U E Z C F N G
A G T G E B A S H F U L
D H O H Y Z E C N R P
F O C H D I A M O N D S
L N D O P G R B A P A H
```

110

```
N E I R U C E I R A M I
I M R E F U F N M Y O N
E M A N D E L A N A T O
T U T U F L B T K W H C
S S C H R O D I N G E R
N S E D G V N D L N R A
I D Y L N G H Y K I T M
E T G N I M E L F M E O
        L O U A G E R T
        P B T N N H E G
        I A O N I E S T
        K W V O L V A P
```

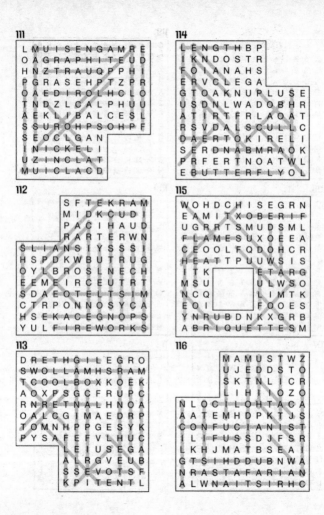

111

```
L M U I S E N G A M R E
O A G R A P H I T E U D
H N Z T R A U Q P P H I
P G R A S E H P T Z P R O
O A E D I R O L H C L O
T N D Z L C A L P H U U
A E K L I B A L C E S L
S S U R O H P S O H P F
S E O C L G A N
I N I C K E L I
U Z I N C L A T
M U I C L A C D
```

112

```
        S F T E K R A M
        M I D K C U D I
        P A C I H A U D
        R A R T E R W N
S L I A N S I Y S S S I
H S P D K W B U T R U G
O Y L B R O S L N E C H
E E M E I R C E U T R T
S D A E O T E L T S I M
C T R P O N N O S Y C A
H S E K A C E N G O P S
Y U L F I R E W O R K S
```

113

```
D R E T H G I L E G R O
S W O L L A M H S R A M
T C O O L B O X K O E K
A O X P S G C F R U P C
R N R E T N A L H N O A
O A L C G I M A E D R P
T O M N H P P G E S Y K
P Y S A F E F V L H U C
    L E I U S E G A
    A L R G V E U B
    S S E V O T S F
    K P I T E N T L
```

114

```
L E N G T H B P
I K N D O S T R
F O I A N A H S
E R V C L E G A
G T O A K N U P L U S E
U S D N L W A D O B H R
A T I R T F R L A O A T
R S V D A L S C U L L C
D A E R T O K I R E L I
S E R D N A B M R A O K
P R F E R T N O A T W L
E B U T T E R F L Y O L
```

115

```
W O H D C H I S E G R N
E A M I T X O B E R I F
U G R R T S M U D S M L
F L A M E S U X O E E A
C E O O L F Q D O H C R
H E A T T P U U W S I S
I I T K         E T A R G
M S U         U L W S O
N C Q         L I M T K
E O I         F O O E S
Y N R U B D N K X G R B
A B R I Q U E T T E S M
```

116

```
        M A M U S T W Z
        U J E D D S T O
        S K T N L I C R
        L I H I I O Z O
N L O C I L O H T A C A
A A T E M O H P K T J S
C O N F U C I A N I S T
I L I F U S S D J F S R
L K H J M A T B S E A I
G T S I H D D U B N W A
N R A S T A F A R I A N
A L W N A I T S I R H C
```

Ace Puzzlers

117

```
HYADIRFKCALBLS
ICESCULPTURERC
RUOFESNRETNALI
FMBOSELAMATGAP
TUARKREUASDONY
OLFEAICKL
DBFMTFEAN
NHMMINDSP
RKAUNOAHI
OANMGBRIC
CTNAEGAPKIEVMG
PTAFFYPULLANEC
OUYDNACYELRABO
PRTURNIPSKATHR
```

118

```
     DTWSNEDMK
     NAHGVLETJ
     JBKELBWTU
     ULRAGOYWN
     FESURBLEG
POJDBSUGARLOAF
BLSETEVJEKUBWR
LDUNSINAIIGLJA
AGPACACNGKBSUU
NAMLMATTERHORN
CWYKGWNRVARER
TOLYHIVEVJITMO
WIOBRNODWONSEN
KRAKATOAUAOLWC
```

119

```
CHANDNICHOWKKR
HARLEYPLDROFXO
APA        IRD
MPG        FDE
PIRTSSAGEVATRO
SHAMBESLOLHAD
ECDDAORYEBBABR
LROXFVEGYRMVMI
YAWNAPPAOAEOV
SONBBMFIFARNLE
ELIMLAYORDAUIG
ELNGLDXNKWLEMS
SAGHINOTFARGLY
GWHCARNABYAWUT
```

120

```
GNPOWERLIFTING
EBADSQSINNETPO
DTYNCUSYREHCRA
CRBOIEMJBFLOOL
OIAWTSMAOGQDWB
BASKETBALLUYIA
ATWELRNKIJCRNL
DHIAHIFENCINGL
MAMTTASHOOTING
ILMCANOEBOCCIA
NOIYE    JUQLT
TNNOW    PYRCH
OLGOT    LPBYA
NACCU    DSNCI
```

121

```
WORDTRAIL
ODTOBKLOP
RWITRJGWG
DIFTDIFEJ
SEDOCGSKC
EDRDIFFERENCEG
AROOLWNUMZZCRCH
RUWTGEKCIAEONE
CRYPTOGRAMSNED
HMLQDYICHESSUD
FRSUERUTCIPWQS
WASGIJRVHLWOEP
DMATOQNUMBERSZ
KCITSHCTAMLDAC
```

122

```
M O O N        R E V O R
A B S R        S P F E T
S S T E        A O L B R
T E A D        T C Y B N
R R T N        E S B U I
O V I A C A P S U L E Y U Z
N A O L O A L P O L O P A
A T N B M S A L F I E R H T
U O L L Y T N E L T T U H S
T R T T L O E V Y E B O R P
S Y I E D S T O R B I T E R
A U K S M B M R L A N H U B
E Z S D I O R E T S A V Y I
D L O N P A C O P W E M R P
```

123

```
            G I S L E O S N C
            D A N T L O L O M
            A M D A S H E R A
            S T O R R A C I G
            X E N S L E I G H
L T O D A N V N R S R U D T
D G I C O M O E E Z U C P H
L D P R A N T R L F D B V P
O M A G C O M E T O O V Y S
B L I T Z E N C N H L Y E H
H C A R R E C N A R P I L S
N E V I X P R A G S H O V Y
F O L   T R U D I P U C L E
S E V O O H S A B I D F G E
```

124

```
E P R I N T I N G C K V L X
L R E F R I G E R A T O R P
E A T S V W A C O M P A S S
C I U L B H M T W A Y L C T
T L P O T E N R E   N I A E
R W M O C E S I A N T G M E
I A O T E L E P H O N E E L
C Y C K B W F R I W A L R P
I T L I G H T B U L B E A C
T I O O T C L P
Y L C A M T E E V
A F K E N G I N E
W E N A L P N O T
X R A I N S T E R
```

125

```
        A I C C A C O F
      T R G S P E T A R L
      M B A S U H R Y N N F
  P C I A O O M K E L T A B U
  Y R F O C D P U M N S D A K
  D O F I S O E C O B N F G N
  M I B S O U R D O U G H E A
  T S A R B U N N L U D A L T
  E S G O M P I N B Y S L P T
  C A U P E H C O R R B O R A
  A N E H O G K T T F E A D B
  U T T U F D E A C C F A N A
  R I T E H O L B R A L U D I
  C D E D I A R B A G H E M C
```

126

```
W N D E B C H R I S T M A S
T R I L S I H T S T A H W K
F V O O O G I E B O O G I E
S C A Y L L K Z C I G N E L
K N S J A R R H O P G E D L
C C O P U M S A L L Y Z F I
A S O F N I K L E S E E I N
J F C H I L T L R K H J N G
B U L R S L O O R E Z A M T
    O A W A N T D Y O
    D T E B O O V S N
    G N E W C I D A L
    A A N I K P M U P
    R S J A T D E S O
```

127

```
S N L L A N E S D N U M A O
R I B N B A T U T A F R S
G E U O A M A G A D E D M U
C O R T E S R A S T T I S B
O O T E D B G P E L S N T M
L C O L E N A V N B U D R U
I B N K M A G S N P O L O L
F S A C A G A W E A C Y N O
B R G A G A R E I L M A G C
D L F H E M I P F
E N I S L B N O R
N E L L I E B L Y
M E Y R A L L I H
M A G E L L A N A
```

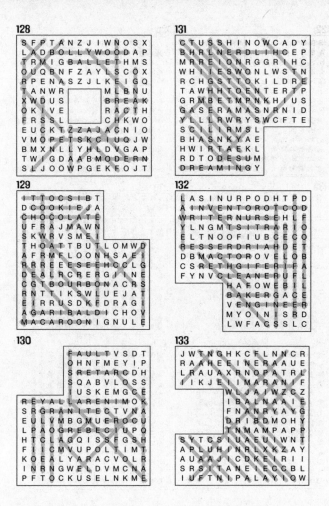

134

```
G U F K O R T S O U T D A L
U R E L K C U H C R E S N M
F A L L A B O U T L E T Y W
F S U S T E E C O S M I N P
A T M N F R J T W H G I G F
W I D I A G O H A R C N S G
C K A G L S E H C I T S N I
G I G G L E F K C E E T H G
R N S E G S N I C K E R A E
P S N R           H O W L
U O I N O       A E P H K
S N O R T A   H E E U O C
E N S H L O R A C K U P W A
G B R O W L P U E S A E R C
```

135

```
L         T I T           G
U T     S I N G         U L
F R K   L K N A       E M Y
Y I N   I O     A E O
O U Y E K R D J K R C R
J M E R W S N O I T A N
P A T O B D L U H E
H P H G L O S E W P
    P I M G R A
    T M E Y A E N S
    O S C L N N G K
    I R D I Y N E I
R E C O N C I L E D
M R J B E K S S S S N
```

136

```
T C A N D L E S T I C K U L
R E S V E G S N H R P D F X
T B N A T O B U G E L   A Y
P A V S N D L F   P I W R A
S M Y M E I G F L A M E P D
V E E O C F L O A T I N G H
O N S L S D W U E F F I O T
T W X M T R I T T V O P D R
I C O A A X E N L W P F F I
V K E L D         I S T B
E H L I B         L C U A
D I F U Y         B E K O
P P R M G         D I V W
O N B L S         E T Y A
```

137

```
O L D     R S I P     Q O P
R O B E R T T H E B R U C E
I U B A R T D N T K I C S T
C I S R L F R I G H C E K E
H S A T U T D L O R A H R
A Q L H N A H A J H A H S T
R U S U Q U O L O D S A T H
D A E R E D N A X E L A O E
F T C N A H K S I H G N E G
I O N X R O B A W G H E X R
R R E C H A R L E M A G N E
S Z W S O L O M O N F N T A
T E A N U M A H K N A T U T
H E N R Y E I G T H E R O D
```

138

```
T A M     O D I D     A I C
A M A R I A T H E R E S A S
E L I Z A B E T H F I R S T
R E R J N E G R E Y Z E J O
G B O O N H N E L M A R A C
E E T S E S M R E N J Z N S
N Z C E B F A E N E V A E F
I E I P O O R V O F I B G O
R J V H L N Y E F E N O R Y
E G U I E E F N T R E U E R
H J A N Y E I I R T H D Y A
T Q U E N U R U O I D I D M
A N N I A Q S G Y T Z C A T
C L E O P A T R A N A R B
```

139

```
K R A P T N E M E S U M A P
A E E R T C I T S A L P L A
R W         C H A P P E R P
A O         E R N I C P A E
O L         S H E G A R N R
K F         K A I R R T R C
E E A R K J A F T L D S E H
I C H A R I T Y W O R K T A
V S H O P P I N G W I A N I
O A L A V I N R A C C R A N
M P W J I N G L E B E L L S
P P E R F O R M A N C E A H
L A R G L V E U R T A B N O
L E B E T N A R U A T S E R
```

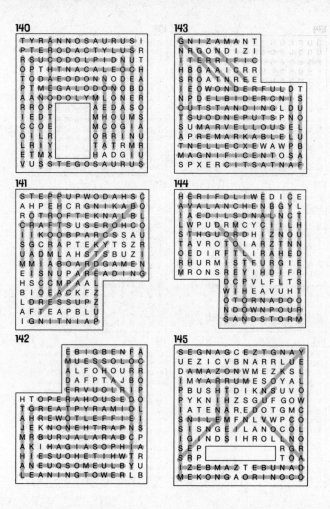

140

```
T Y R A N N O S A U R U S I
P T E R O D A C T Y L U S R
R S U C O D O L P I D N U T
O P T H T N A C A L E O C H
T O D A E O D O N N O D E A
P T M E G A L O D O N O B D
A A N O D O L Y M I O N E R
R R O P         A E D A S O
I E D T         M H O U M S
C C O E         M C O G H U
O I L R         O R R I N U
L R I Y         T A T R M R
E T M X         H A D G I U
V U S S T E G O S A U R U S
```

141

```
S T E P P U P W O D A H S C
A H P E H C R G N I K A B O
R O T R O F T E K N A L B L
C R A F T S U S E R O H C O
I I K O O B P A R C S S A U
S G C R A P T E K Y T S Z R
U A D M L A H S T S B U Z I
M M I A B O A R D G A M E N
E I S N U P A R E A D I N G
H S C C M P A A L
B I O E A C K F Z
L D R E S S U P Z
A F T E A P B L U
I G N I T N I A P
```

142

```
            E B I G B E N F A
            M U E S S O L O C
            A L F O H O U R R
            D A F P T A J B O
            E R V U O L R   P
H T O P E R A H O U S E D O
T G R E A T P Y R A M I D L
A H R E W O T L E F F I   I
J E K N O N E H T R A P N S
M R B U R J A L A R A B C P
A K I H A G I A S O P H   A
H I E S U O H E T I H W T R
A N E U Q S O M E U L B Y U
L E A N I N G T O W E R L B
```

143

```
G N I Z A M A N T
N R G O N D I Z I
I T E R R I F I C
H B G A A I C R R
S R O A T N R E E
I E O W O N D E R F U L D T
N P D E L B I D E R C N I S
O U T S T A N D I N G L D U
T S U O D N E P U T S P N O
S U M A R V E L L O U S E L
A P R E M A R K A B L E L U
T N E L L E C X E W A W P B
M A G N I F I C E N T O S A
S P X E R C I T S A T N A F
```

144

```
H E R I F D L I W E D I C E
A V A L A N C H E N B G Y L
I A E D I L S D N A L N C T
L W P U D R M C Y C I I L H
S T H G U O R D H I Z N O U
T A V R O T O I A R Z T N N
O E D I R F T   I R A H E D
R H U R M I S T F U R G I E
M R O N S R E Y I H D I F R
      D C P V L F L T S
      W I H E A V U H T
      O T O R N A D O O
      N D O W N P O U R
      S A N D S T O R M
```

145

```
S E G N A G C E Z T G N A Y
U E Z I C V B N A R R L U E
D A M A Z O N W M E Z K S L
I M Y A R R U M E S O Y A L
P B U S H T D I K N S U V O
P Y K N I H Z S G U F G O W
I A T E N A R E D O T G M C
S N I L E M F N L V W P C O
S I S N G E   L A N O C O L
I G I N D S I H R O L L N O
S E P                 R G R
S R P                 T O A
I Z E B M A Z T E B U N A D
M E K O N G A O R I N O C O
```

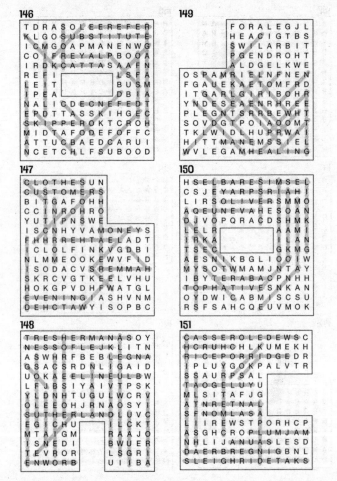

146

```
T D R A S O L E E R E F E R
K L G O S U B S T T U T E
I C M G O A P M A N E N W G
C O I F R E Y A L P B O O A
I R D K C A T T A S A A F N
R E F I         L S F A
L E I T         B U S M
I P E A         D B I A
N A L I C D E C N E F E D T
E P D T T A S S K I H G E C
S K I P P E R O K T C R O H
M I D T A F O D E F O F F C
A T T U C B A E D C A R U I
N C E T C H L F S U B O O D
```

147

```
C L O T H E S U N
C U S T O M E R S
B I T G A F O H H
C C I N R O H R O
Y U T   P N S W E
I S C N H Y V A M O N E Y S
F H H R R E H T A E L A D T
I C L O L F I N K V G D B I
N L M M E O O K E W V F   D
I S O D A C V S R E M M A H
S K R C V G T K E E L V H U
H O K G P V D H F W A T G L
E V E N I N G I A S H V N M
D E H C T A W Y I S O P B C
```

148

```
T R E S H E R M A N A S O Y
N E S S O F L E J K L I T N
A S W H R F B E B L E G N A
G S A C S R D N L I G A I D
U O K A E E L I N E U L B W
L F J B S I Y A I V T P S K
Y L D N H T U G U L W C R V
O L E E O H J R N A O S Y I
S U T H E R L A N D L U V C
E G I C H U     I L C K T
M T A I G M     R A A J O
I S N E D I     B W U E R
T E V R O R     L S G R I
E N W O R B     U I I B A
```

149

```
        F O R A L E G J L
        H E A C I G T B S
        S W I L A R B I T
        P G E N D R O H T
        A L D G E L K W E
O S P A M R I E L N F N E N
F G A U E K A E T O M F R D
I T G A R L G I R I B O H R
Y N D E S E A E N R H R E E
P L E G N T S R R B E W H T
S O V D G T P O I A O O M T
T K L W I D L H U P R W A I
H I T T M A N E M S S I E L
W V L E G A M H E A L I N G
```

150

```
H S E L B A R E S I M S E L
C S J E Y A R P S R A H I
L I R S O L I V E R S M M O
A Q E U N E V A H E S O A N
D J V O P Q R A C D S H M K
L E L R         A A M I
I R K A         I L A N
T S E C         G K M G
A E S N I K B G L I O O I W
M Y S O T W M A M J N T A Y
I B Y T E R A B A C P N H H
T O P H A T I V E S N K A N
O Y D W I C A B M I S C S U
R S F S A H C Q E U V M O K
```

151

```
C A S S E R O L E D E W S C
H C R U H C H L K U M E K H
R I C E P O R R I D G E D R
I P L U Y G O K P A L V T R
S S A U R P S A L
T A O G E L U Y U
M L S I T A F J G
A T N R E T N A L
S F N O M L A S A
L I I R E W S T P O R H C P
A S G H C R O P L U M J A M
N H L I J A N U A S L E S D
D A E R B R E G N I G B N L
S L E I G H R I D E T A K S
```

152

```
F L Y I N G D U T C H M A N
W H D M S O U L O T C E P A
Y R A M Y D O O L B T L P M
D E L U Q O M A S R I L A O
A K E F N S U N T E W I R T
L I T M U T E Q P P L V I P
Y H I O W H I A N S L R T L
E H H T R O O D N A E E I A
R C W N A         C B T O S
G T R A I         A E N N P
E I A H T         N P A T I
I H H P H         A N C H R
C H R I S T M A S P A S T
G A H P O L T E R G E I S T
```

153

```
K E N N E D Y E L T S I N O
O C R O O S E V E L T I H P
M E R K E L C A S L C H U M
J C D A W A M A B O L D K Z
O A Y W M U S S O L I N I E
L S P A Z S R E H C T A H T
S T Z T R S I Y J K O G O L
U R M E T L T B G Z E D C L
N O T G N H S A W R O H E
      N P A D A M S I W
      N N A L E D N A M M
      J O K H A N S I O
      C L I N C O L N R
      L L I I H C R U H C
```

154

```
A T E A C U P S P
S A K C A C E E L
R R C A N O G E A
O E L R D C N B H
R H E O Y O C T O
R T E U F N R H O A T T H R
I T H S L U L O N Z T E R O
M A W E O T N O G L P S W D
F L G L S S I K R A T K A E
O P I H S E T A R P E L O
L S B O A D O D G E M S T B
L L F U N H O U S E W H Z L
A L P O O H A C T U N N E L
H E L T E R S K E L T E R L
```

155

```
H E L I C O P T E R D F H Y
O J E S A H B I K G K M R I
T S C A O O H B I C Y C L E
A B O N A V T A B A R G E S
I L A F A R C R E V O H L
R I C K S H A W O T R I E L
B A H D M N I K T O P D L A
A U C J O K N C O A K D U P
L F S E T C I B M D L S F C
L P L S J U L A W
O L V D P R R C E
O A N J E T S K I
N N G R S L H O L
J E V B D I S A T
```

156

```
M N H T         S A L U E
U I O U         S T R G T
G S N T         O B D R A
E I E T         L U A A L
L A Y I         F T O S O
B R C F R Y V N E Y T R P C
B M O R P R A L I D E Y B O
U U M U I R N T K N R K E H
B R B T M E I R O A S C R C
S T U T E H L F O C C O R O
A T E I V C L L C H O R Y O
A L E M A R A C D E T L A S
O H C A N P S T A C H I O
S T R A W B E R R Y H O N T
```

157

```
H A N U K K A H D O C A R L
B O N I R E N I G H T H D
V A L E N T I N E S R Y N D
C H R I S T M A S B E A E A
      H Y G N D D E W
      B O J W E N S B O
      N E W Y E A R I L
      K K A B O L E R A
      D E W G J F H T V
G N I V I G S K N A H T T M
N E E W O L L A H T M O D N
Y R A S R E V I N N A M A R
S L B A B Y S H O W E R Y A
I N D E P E N D E N C E N C
```

158

```
        T W S I L D
        B R R E N A
        S A I P N R
        T O B H A G
L T R S N M A Y T   R A H C
E L D N A C H D I O P S N A
H Y U N E P W L V J D R G R
S T G A G Y R L I E G T B O
J E R W A R E A T S N I V L
L E P   P H A N Y G B T A S
        B Y T C M L
        A M H A E Y
        B N S N L M
        C S U S E J
```

160

```
Y M W R E X E R C I S E Y G
E A T H E A L T H I E R G E
N K A J X I P O B G D O J G
O E D M O N B G K W J M F A
M F H Y L B Y D I N P O S U
E R S C Y M A K U V R D L G
V I Y I B A T W H T E A E N
A E B L D L H A Z S C U E A
S N B S K A L T A K E U P L
E D T H K N E H N
M S A V R I X R F
T L S E A O L N B
C M Y U H J S L P
C U T D O W N V N
```

159

```
P A R A D E G H T
C A N N O N Y G S
O U R E C S H L I
U L J T H L S O N
N D S F I L D I G
T L N G M E I B K M I D L S
D A N C E B S A P P A R C K
O N R E S O L U T I O N S R
W G O H J W C L S F B I Y O
N S R E P P O P Y T R A P W
D Y T R A P U N C B E K L E
A N M I D N I G H T S O M R
N E B G I B T K I Y R C H I
S J G N I T O O F T S R I F
```